# SÉRVIO
## VOCABULÁRIO

**PORTUGUÊS BRASILEIRO**

# PORTUGUÊS SÉRVIO

Para alargar o seu léxico e apurar as suas competências linguísticas

## 3000 palavras

# Vocabulário Português Brasileiro-Sérvio - 3000 palavras

Por Andrey Taranov

Os vocabulários da T&P Books destinam-se a ajudar a aprender, a memorizar, e a rever palavras estrangeiras. O dicionário é dividido em temas, cobrindo todas as principais esferas de atividades quotidianas, negócios, ciência, cultura, etc.

O processo de aprendizagem, utilizando os dicionários baseados em temáticas da T&P Books dá-lhe as seguintes vantagens:

- Informação de origem corretamente agrupada predetermina o sucesso em fases subsequentes da memorização de palavras
- Disponibilização de palavras derivadas da mesma raiz, o que permite a memorização de unidades de texto (em vez de palavras separadas)
- Pequenas unidades de palavras facilitam o processo de estabelecimento de vínculos associativos necessários para a consolidação do vocabulário
- O nível de conhecimento da língua pode ser estimado pelo número de palavras aprendidas

T&P Books Publishing
www.tpbooks.com

ISBN: 978-1-78767-433-2

Este livro também está disponível em formato E-book.
Por favor visite www.tpbooks.com ou as principais livrarias on-line.

# VOCABULÁRIO SÉRVIO
## palavras mais úteis

Os vocabulários da T&P Books destinam-se a ajudar a aprender, a memorizar, e a rever palavras estrangeiras. O vocabulário contém mais de 3000 palavras de uso comum organizadas tematicamente.

O vocabulário contém as palavras mais comummente usadas
Recomendado como adicional para qualquer curso de línguas
Satisfaz as necessidades dos iniciados e dos alunos avançados de línguas estrangeiras
Conveniente para o uso diário, sessões de revisão e atividades de auto-teste
Permite avaliar o seu vocabulário

### Características especias do vocabulário

* As palavras estão organizadas de acordo com o seu significado, e não por ordem alfabética
* As palavras são apresentadas em três colunas para facilitar os processos de revisão e auto-teste
* As palavras compostas são divididas em pequenos blocos para facilitar o processo de aprendizagem
* O vocabulário oferece uma transcrição simples e adequada de cada palavra estrangeira

### O vocabulário contém 101 tópicos incluindo:

Conceitos básicos, Números, Cores, Meses, Estações do ano, Unidades de medida, Roupas & Acessórios, Alimentos & Nutrição, Restaurante, Membros da Família, Parentes, Caráter, Sentimentos, Emoções, Doenças, Cidade, Passeios, Compras, Dinheiro, Casa, Lar, Escritório, Trabalho no Escritório, Importação & Exportação, Marketing, Pesquisa de Emprego, Esportes, Educação, Computador, Internet, Ferramentas, Natureza, Países, Nacionalidades e muito mais ...

# TABELA DE CONTEÚDOS

# GUIA DE PRONUNCIAÇÃO

| Letra | Exemplo Sérvio | Alfabeto fonético T&P | Exemplo Português |
|-------|----------------|-----------------------|-------------------|
| A a | авлија | [a] | chamar |
| E e | ексер | [e] | metal |
| И и | излаз | [i] | sinônimo |
| O o | очи | [o] | lobo |
| У у | ученик | [u] | bonita |

## Consoantes

| Б б | брег | [b] | barril |
|-----|------|-----|--------|
| В в | вода | [ʋ] | fava |
| Г г | глава | [g] | gosto |
| Д д | дим | [d] | dentista |
| Ђ ђ | ђак | [dʑ] | tajique |
| Ж ж | жица | [ʒ] | talvez |
| З з | зец | [z] | sésamo |
| Ј ј | мој | [j] | Vietnã |
| | | | |
| К к | киша | [k] | aquilo |
| Л л | лептир | [l] | libra |
| Љ љ | љиљан | [ʎ] | barulho |
| М м | мајка | [m] | magnólia |
| Н н | нос | [n] | natureza |
| Њ њ | књига | [ɲ] | ninhada |
| П п | праг | [p] | presente |
| Р р | рука | [r] | riscar |
| | | | |
| С с | слово | [s] | sanita |
| Т т | тело | [t] | tulipa |
| Ћ ћ | ћуран | [tɕ] | tchetcheno |
| Ф ф | фењер | [f] | safári |
| Х х | хлеб | [h] | [h] aspirada |
| Ц ц | цео | [ts] | tsé-tsé |
| Ч ч | чизме | [tʃ] | Tchau! |
| Џ џ | џбун | [dʒ] | adjetivo |
| Ш ш | шах | [ʃ] | mês |

# ABREVIATURAS
## usadas no vocabulário

## Abreviaturas do Português

| | | |
|---|---|---|
| adj | - | adjetivo |
| adv | - | advérbio |
| anim. | - | animado |
| conj. | - | conjunção |
| desp. | - | esporte |
| etc. | - | Etcetera |
| ex. | - | por exemplo |
| f | - | nome feminino |
| f pl | - | feminino plural |
| fem. | - | feminino |
| inanim. | - | inanimado |
| m | - | nome masculino |
| m pl | - | masculino plural |
| m, f | - | masculino, feminino |
| masc. | - | masculino |
| mat. | - | matemática |
| mil. | - | militar |
| pl | - | plural |
| prep. | - | preposição |
| pron. | - | pronome |
| sb. | - | sobre |
| sing. | - | singular |
| v aux | - | verbo auxiliar |
| vi | - | verbo intransitivo |
| vi, vt | - | verbo intransitivo, transitivo |
| vr | - | verbo reflexivo |
| vt | - | verbo transitivo |

## Abreviaturas do Sérvio

| | | |
|---|---|---|
| ж | - | nome feminino |
| ж мн | - | feminino plural |
| м | - | nome masculino |
| м мн | - | masculino plural |
| м, ж | - | masculino, feminino |
| мн | - | plural |
| нг | - | verbo intransitivo |
| нг, пг | - | verbo intransitivo, transitivo |

| пг | - | verbo transitivo |
| с | - | neutro |
| с мн | - | neutro plural |

# CONCEITOS BÁSICOS

## 1. Pronomes

| | | |
|---|---|---|
| eu | **ja** | ja |
| você | **ти** | ti |
| | | |
| ele | **он** | on |
| ela | **она** | óna |
| ele, ela (neutro) | **оно** | óno |
| | | |
| nós | **ми** | mi |
| vocês | **ви** | vi |
| eles | **они** | óni |
| elas | **оне** | óne |

## 2. Cumprimentos. Saudações

| | | |
|---|---|---|
| Oi! | **Здраво!** | Zdrávo! |
| Olá! | **Добар дан!** | Dóbar dan! |
| Bom dia! | **Добро јутро!** | Dóbro jútro! |
| Boa tarde! | **Добар дан!** | Dóbar dan! |
| Boa noite! | **Добро вече!** | Dóbro véče! |
| | | |
| cumprimentar (vt) | **поздрављати** (nr) | pózdravljati |
| Oi! | **Здраво!** | Zdrávo! |
| saudação (f) | **поздрав** (м) | pózdrav |
| saudar (vt) | **поздрављати** (nr) | pózdravljati |
| Como você está? | **Како сте?** | Káko ste? |
| Como vai? | **Како си?** | Káko si? |
| E aí, novidades? | **Шта је ново?** | Šta je nóvo? |
| | | |
| Tchau! | **Довиђења!** | Doviđénja! |
| Até logo! | **Здраво!** | Zdrávo! |
| Até breve! | **Видимо се ускоро!** | Vídimo se úskoro! |
| Adeus! | **Збогом!** | Zbógom! |
| despedir-se (dizer adeus) | **опраштати се** | opráštati se |
| Até mais! | **Ћао! Здраво!** | Ćáo! Zdrávo! |
| | | |
| Obrigado! -a! | **Хвала!** | Hvála! |
| Muito obrigado! -a! | **Хвала лепо!** | Hvála lépo! |
| De nada | **Изволите** | Izvólite |
| Não tem de quê | **Нема на чему!** | Néma na čému! |
| Não foi nada! | **Нема на чему** | Néma na čému |
| | | |
| Desculpa! | **Извини!** | Izvíni! |
| Desculpe! | **Извините!** | Izvínite! |
| desculpar (vt) | **извињавати** (nr) | izvinjávati |

| | | |
|---|---|---|
| desculpar-se (vr) | извињавати се | izvinjávati se |
| Me desculpe | Извињавам се | Izvinjávam se |
| Desculpe! | Извините! | Izvínite! |
| perdoar (vt) | опраштати (nr) | opráštati |
| Não faz mal | Ништа страшно! | Níšta strášno! |
| por favor | молим | mólim |
| | | |
| Não se esqueça! | Не заборавите! | Ne zabóravite! |
| Com certeza! | Наравно! | Náravno! |
| Claro que não! | Наравно да не! | Náravno da ne! |
| Está bem! De acordo! | Слажем се! | Slážem se! |
| Chega! | Доста! | Dósta! |

## 3. Questões

| | | |
|---|---|---|
| Quem? | Ко? | Ko? |
| O que? | Шта? | Šta? |
| Onde? | Где? | Gde? |
| Para onde? | Куда? | Kúda? |
| De onde? | Одакле? Откуд? | Ódakle? Ótkud? |
| Quando? | Када? | Káda? |
| Para quê? | Зашто? | Zášto? |
| Por quê? | Зашто? | Zášto? |
| | | |
| Para quê? | За шта? Због чега? | Zá šta? Zbog čéga? |
| Como? | Како? | Káko? |
| Qual (~ é o problema?) | Какав? | Kákav? |
| Qual (~ deles?) | Који? | Kóji? |
| | | |
| A quem? | Коме? | Kóme? |
| De quem? | О коме? | O kóme? |
| Do quê? | О чему? | O čému? |
| Com quem? | Са ким? | Sa kim? |
| | | |
| Quanto, -os, -as? | Колико? | Kolíko? |
| De quem? (masc.) | Чији? | Číji? |
| De quem? (fem.) | Чија? | Číja? |
| De quem são ...? | Чије? | Číje? |

## 4. Preposições

| | | |
|---|---|---|
| com (prep.) | с, са | s, sa |
| sem (prep.) | без | bez |
| a, para (exprime lugar) | у | u |
| sobre (ex. falar ~) | о | o |
| antes de ... | пре | pre |
| em frente de ... | испред | íspred |
| | | |
| debaixo de ... | испод | íspod |
| sobre (em cima de) | изнад | íznad |
| em ..., sobre ... | на | na |
| de, do (sou ~ Rio de Janeiro) | из | iz |

| de (feito ~ pedra) | од | od |
| em (~ 3 dias) | за | za |
| por cima de ... | преко | préko |

## 5. Palavras funcionais. Advérbios. Parte 1

| Onde? | Где? | Gde? |
| aqui | овде | óvde |
| lá, ali | тамо | támo |

| em algum lugar | негде | négde |
| em lugar nenhum | нигде | nígde |

| perto de ... | код | kod |
| perto da janela | поред прозора | póred prózora |

| Para onde? | Куда? | Kúda? |
| aqui | овамо | óvamo |
| para lá | тамо | támo |
| daqui | одавде | ódavde |
| de lá, dali | оданде | ódande |

| perto | близу | blízu |
| longe | далеко | daléko |

| perto de ... | близу, у близини | blízu, u blizíni |
| à mão, perto | у близини | u blízini |
| não fica longe | недалеко | nédaleko |

| esquerdo (adj) | леви | lévi |
| à esquerda | слева | sléva |
| para a esquerda | лево | lévo |

| direito (adj) | десни | désni |
| à direita | десно | désno |
| para a direita | десно | désno |

| em frente | спреда | spréda |
| da frente | предњи | prédnji |
| adiante (para a frente) | напред | nápred |

| atrás de ... | иза | íza |
| de trás | отпозади | otpozádi |
| para trás | назад, унатраг | názad, unátrag |

| meio (m), metade (f) | средина (ж) | sredína |
| no meio | у средини | u sredíni |

| do lado | са стране | sa stráne |
| em todo lugar | свуда | svúda |
| por todos os lados | око | óko |

| de dentro | изнутра | iznútra |
| para algum lugar | некуда | nékuda |

| | | |
|---|---|---|
| diretamente | право | právo |
| de volta | назад | názad |

| | | |
|---|---|---|
| de algum lugar | однекуд | ódnekud |
| de algum lugar | однекуд | ódnekud |

| | | |
|---|---|---|
| em primeiro lugar | прво | pŕvo |
| em segundo lugar | друго | drúgo |
| em terceiro lugar | треће | tréće |

| | | |
|---|---|---|
| de repente | изненада | íznenada |
| no início | у почетку | u počétku |
| pela primeira vez | први пут | pŕvi put |
| muito antes de ... | много пре ... | mnógo pre ... |
| de novo | поново | pónovo |
| para sempre | заувек | záuvek |

| | | |
|---|---|---|
| nunca | никад | níkad |
| de novo | опет | ópet |
| agora | сада | sáda |
| frequentemente | често | čésto |
| então | тада | táda |

| | | |
|---|---|---|
| urgentemente | хитно | hítno |
| normalmente | обично | óbično |

| | | |
|---|---|---|
| a propósito, ... | узгред, ... | úzgred, ... |
| é possível | могуће | móguće |
| provavelmente | вероватно | vérovatno |
| talvez | можда | móžda |
| além disso, ... | осим тога ... | ósim tóga ... |
| por isso ... | дакле ..., због тога ... | dákle ..., zbog toga ... |

| | | |
|---|---|---|
| apesar de ... | без обзира на ... | bez óbzira na ... |
| graças a ... | захваљујући ... | zahváljujući ... |

| | | |
|---|---|---|
| que (pron.) | шта | šta |
| que (conj.) | да | da |
| algo | нешто | néšto |

| | | |
|---|---|---|
| alguma coisa | нешто | néšto |
| nada | ништа | níšta |

| | | |
|---|---|---|
| quem | ко | ko |
| alguém (~ que ...) | неко | néko |
| alguém (com ~) | неко | néko |

| | | |
|---|---|---|
| ninguém | нико | níko |
| para lugar nenhum | никуд | níkud |

| | | |
|---|---|---|
| de ninguém | ничији | níčiji |
| de alguém | нечији | néčiji |

| | | |
|---|---|---|
| tão | тако | táko |
| também (gostaria ~ de ...) | такође | takóđe |
| também (~ eu) | такође | takóđe |

## 6. Palavras funcionais. Advérbios. Parte 2

| | | |
|---|---|---|
| Por quê? | Зашто? | Zášto? |
| por alguma razão | из неког разлога | iz nékog rázloga |
| porque ... | јер ..., зато што ... | jer ..., záto što ... |
| por qualquer razão | из неког разлога | iz nékog rázloga |
| | | |
| e (tu ~ eu) | и | i |
| ou (ser ~ não ser) | или | íli |
| mas (porém) | али | áli |
| para (~ a minha mãe) | за | za |
| | | |
| muito, demais | сувише, превише | súviše, préviše |
| só, somente | само | sámo |
| exatamente | тачно | táčno |
| cerca de (~ 10 kg) | око | óko |
| | | |
| aproximadamente | приближно | príbližno |
| aproximado (adj) | приближан | príbližan |
| quase | скоро | skóro |
| resto (m) | остало (c) | óstalo |
| | | |
| o outro (segundo) | други | drúgi |
| outro (adj) | други | drúgi |
| cada (adj) | свак | svak |
| qualquer (adj) | било који | bílo kóji |
| muito, muitos, muitas | много | mnógo |
| muitas pessoas | многи | mnógi |
| todos | сви | svi |
| | | |
| em troca de ... | у замену за ... | u zámenu za ... |
| em troca | у замену | u zámenu |
| à mão | ручно | rúčno |
| pouco provável | тешко да, једва да | téško da, jédva da |
| | | |
| provavelmente | вероватно | vérovatno |
| de propósito | намерно | námerno |
| por acidente | случајно | slúčajno |
| | | |
| muito | врло | vŕlo |
| por exemplo | на пример | na prímer |
| entre | између | ízmeđu |
| entre (no meio de) | међу | méđu |
| tanto | толико | tolíko |
| especialmente | нарочито | náročito |

# NÚMEROS. DIVERSOS

## 7. Números cardinais. Parte 1

| | | |
|---|---|---|
| zero | нула (ж) | núla |
| um | један | jédan |
| dois | два | dva |
| três | три | tri |
| quatro | четири | čétiri |
| | | |
| cinco | пет | pet |
| seis | шест | šest |
| sete | седам | sédam |
| oito | осам | ósam |
| nove | девет | dévet |
| | | |
| dez | десет | déset |
| onze | једанаест | jedánaest |
| doze | дванаест | dvánaest |
| treze | тринаест | trínaest |
| catorze | четрнаест | četŕnaest |
| | | |
| quinze | петнаест | pétnaest |
| dezesseis | шеснаест | šésnaest |
| dezessete | седамнаест | sedámnaest |
| dezoito | осамнаест | osámnaest |
| dezenove | деветнаест | devétnaest |
| | | |
| vinte | двадесет | dvádeset |
| vinte e um | двадесет и један | dvádeset i jédan |
| vinte e dois | двадесет и два | dvádeset i dva |
| vinte e três | двадесет и три | dvádeset i tri |
| | | |
| trinta | тридесет | trídeset |
| trinta e um | тридесет и један | trídeset i jédan |
| trinta e dois | тридесет и два | trídeset i dva |
| trinta e três | тридесет и три | trideset i tri |
| | | |
| quarenta | четрдесет | četrdéset |
| quarenta e um | четрдесет и један | četrdéset i jédan |
| quarenta e dois | четрдесет и два | četrdéset i dva |
| quarenta e três | четрдесет и три | četrdéset i tri |
| | | |
| cinquenta | педесет | pedéset |
| cinquenta e um | педесет и један | pedéset i jédan |
| cinquenta e dois | педесет и два | pedéset i dva |
| cinquenta e três | педесет и три | pedéset i tri |
| | | |
| sessenta | шездесет | šezdéset |
| sessenta e um | шездесет и један | šezdéset i jédan |

| | | |
|---|---|---|
| sessenta e dois | шездесет и два | šezdéset i dva |
| sessenta e três | шездесет и три | šezdéset i tri |
| | | |
| setenta | седамдесет | sedamdéset |
| setenta e um | седамдесет и један | sedamdéset i jédan |
| setenta e dois | седамдесет и два | sedamdéset i dva |
| setenta e três | седамдесет и три | sedamdéset i tri |
| | | |
| oitenta | осамдесет | osamdéset |
| oitenta e um | осамдесет и један | osamdéset i jédan |
| oitenta e dois | осамдесет и два | osamdéset i dva |
| oitenta e três | осамдесет и три | osamdéset i tri |
| | | |
| noventa | деведесет | devedéset |
| noventa e um | деведесет и један | devedéset i jédan |
| noventa e dois | деведесет и два | devedéset i dva |
| noventa e três | деведесет и три | devedéset i tri |

## 8. Números cardinais. Parte 2

| | | |
|---|---|---|
| cem | сто | sto |
| duzentos | двеста | dvésta |
| trezentos | триста | trísta |
| quatrocentos | четиристо | čétiristo |
| quinhentos | петсто | pétsto |
| | | |
| seiscentos | шестсто | šéststo |
| setecentos | седамсто | sédamsto |
| oitocentos | осамсто | ósamsto |
| novecentos | деветсто | dévetsto |
| | | |
| mil | хиљада (ж) | híljada |
| dois mil | две хиљаде | dve híljade |
| três mil | три хиљаде | tri híljade |
| dez mil | десет хиљада | déset híljada |
| cem mil | сто хиљада | sto híljada |
| um milhão | милион (м) | milíon |
| um bilhão | милијарда (ж) | milíjarda |

## 9. Números ordinais

| | | |
|---|---|---|
| primeiro (adj) | први | pŕvi |
| segundo (adj) | други | drúgi |
| terceiro (adj) | трећи | tréći |
| quarto (adj) | четврти | čétvrti |
| quinto (adj) | пети | péti |
| | | |
| sexto (adj) | шести | šésti |
| sétimo (adj) | седми | sédmi |
| oitavo (adj) | осми | ósmi |
| nono (adj) | девети | déveti |
| décimo (adj) | десети | déseti |

# CORES. UNIDADES DE MEDIDA

## 10. Cores

| | | |
|---|---|---|
| cor (f) | боја (ж) | bója |
| tom (m) | нијанса (ж) | nijánsa |
| tonalidade (m) | тон (м) | ton |
| arco-íris (m) | дуга (ж) | dúga |
| | | |
| branco (adj) | бео | béo |
| preto (adj) | црн | cŕn |
| cinza (adj) | сив | siv |
| | | |
| verde (adj) | зелен | zélen |
| amarelo (adj) | жут | žut |
| vermelho (adj) | црвен | cŕven |
| | | |
| azul (adj) | плав | plav |
| azul claro (adj) | светло плав | svétlo plav |
| rosa (adj) | ружичаст | rúžičast |
| laranja (adj) | наранџаст | nárandžast |
| violeta (adj) | љубичаст | ljúbičast |
| marrom (adj) | браон | bráon |
| | | |
| dourado (adj) | златан | zlátan |
| prateado (adj) | сребрнаст | srébrnast |
| | | |
| bege (adj) | беж | bež |
| creme (adj) | боје крем | bóje krem |
| turquesa (adj) | тиркизан | tírkizan |
| vermelho cereja (adj) | боје вишње | bóje víšnje |
| lilás (adj) | лила | líla |
| carmim (adj) | боје малине | bóje máline |
| | | |
| claro (adj) | светао | svétao |
| escuro (adj) | таман | táman |
| vivo (adj) | јарки | járki |
| | | |
| de cor | обојен | óbojen |
| a cores | у боји | u bóji |
| preto e branco (adj) | црно-бели | cŕno-béli |
| unicolor (de uma só cor) | једнобојан | jédnobojan |
| multicolor (adj) | разнобојан | ráznobojan |

## 11. Unidades de medida

| | | |
|---|---|---|
| peso (m) | тежина (ж) | težína |
| comprimento (m) | дужина (ж) | dužína |

| | | |
|---|---|---|
| largura (f) | ширина (ж) | širína |
| altura (f) | висина (ж) | visína |
| profundidade (f) | дубина (ж) | dubína |
| volume (m) | запремина (ж) | zápremina |
| área (f) | површина (ж) | póvršina |

| | | |
|---|---|---|
| grama (m) | грам (м) | gram |
| miligrama (m) | милиграм (м) | míligram |
| quilograma (m) | килограм (м) | kílogram |
| tonelada (f) | тона (ж) | tóna |
| libra (453,6 gramas) | фунта (ж) | fúnta |
| onça (f) | унца (ж) | únca |

| | | |
|---|---|---|
| metro (m) | метар (м) | métar |
| milímetro (m) | милиметар (м) | mílimetar |
| centímetro (m) | сантиметар (м) | santimétar |
| quilômetro (m) | километар (м) | kílometar |
| milha (f) | миља (ж) | mílja |

| | | |
|---|---|---|
| polegada (f) | палац (м) | pálac |
| pé (304,74 mm) | стопа (ж) | stópa |
| jarda (914,383 mm) | јард (м) | jard |

| | | |
|---|---|---|
| metro (m) quadrado | квадратни метар (м) | kvádratni métar |
| hectare (m) | хектар (м) | héktar |

| | | |
|---|---|---|
| litro (m) | литар (м) | lítar |
| grau (m) | степен (м) | stépen |
| volt (m) | волт (м) | volt |
| ampère (m) | ампер (м) | ámper |
| cavalo (m) de potência | коњска снага (ж) | kónjska snága |

| | | |
|---|---|---|
| quantidade (f) | количина (ж) | količína |
| um pouco de … | мало … | málo … |
| metade (f) | половина (ж) | polóvina |
| dúzia (f) | туце (с) | túce |
| peça (f) | комад (м) | kómad |

| | | |
|---|---|---|
| tamanho (m), dimensão (f) | величина (ж) | veličína |
| escala (f) | размер (м) | rázmer |

| | | |
|---|---|---|
| mínimo (adj) | минималан | mínimalan |
| menor, mais pequeno | најмањи | nájmanji |
| médio (adj) | средњи | srédnji |
| máximo (adj) | максималан | máksimalan |
| maior, mais grande | највећи | nájveći |

## 12. Recipientes

| | | |
|---|---|---|
| pote (m) de vidro | тегла (ж) | tégla |
| lata (~ de cerveja) | лименка (ж) | límenka |
| balde (m) | ведро (в) | védro |
| barril (m) | буре (с) | búre |
| bacia (~ de plástico) | лавор (м) | lávor |

| | | |
|---|---|---|
| tanque (m) | резервоар (м) | rezervóar |
| cantil (m) de bolso | чутурица (ж) | čúturica |
| galão (m) de gasolina | канта (ж) за гориво | kánta za górivo |
| cisterna (f) | цистерна (ж) | cistérna |
| | | |
| caneca (f) | кригла (ж) | krígla |
| xícara (f) | шоља (ж) | šólja |
| pires (m) | тацна (ж) | tácna |
| copo (m) | чаша (ж) | čáša |
| taça (f) de vinho | чаша (ж) за вино | čáša za víno |
| panela (f) | шерпа (ж), лонац (м) | šerpa, lónac |
| | | |
| garrafa (f) | боца, флаша (ж) | bóca, fláša |
| gargalo (m) | врат (м) | vrat |
| | | |
| jarra (f) | бокал (м) | bókal |
| jarro (m) | крчаг (м) | kŕčag |
| recipiente (m) | суд (м) | sud |
| pote (m) | лонац (м) | lónac |
| vaso (m) | ваза (ж) | váza |
| | | |
| frasco (~ de perfume) | боца (ж) | bóca |
| frasquinho (m) | бочица (ж) | bóčica |
| tubo (m) | туба (ж) | túba |
| | | |
| saco (ex. ~ de açúcar) | џак (м) | džak |
| sacola (~ plastica) | кеса (ж) | késa |
| maço (de cigarros, etc.) | паковање (с) | pákovanje |
| | | |
| caixa (~ de sapatos, etc.) | кутија (ж) | kútija |
| caixote (~ de madeira) | сандук (м) | sánduk |
| cesto (m) | корпа (ж) | kórpa |

# VERBOS PRINCIPAIS

## 13. Os verbos mais importantes. Parte 1

| | | |
|---|---|---|
| abrir (vt) | отварати (пг) | otvárati |
| acabar, terminar (vt) | завршавати (пг) | završávati |
| aconselhar (vt) | саветовати (пг) | sávetovati |
| adivinhar (vt) | погодити (пг) | pogóditi |
| advertir (vt) | упозоравати (пг) | upozorávati |
| | | |
| ajudar (vt) | помагати (пг) | pomágati |
| almoçar (vi) | ручати (нг) | rúčati |
| alugar (~ um apartamento) | изнајмити (пг) | iznájmiti |
| amar (pessoa) | волети (пг) | vóleti |
| ameaçar (vt) | претити (нг) | prétiti |
| | | |
| anotar (escrever) | записивати (пг) | zapisívati |
| apressar-se (vr) | журити се | žúriti se |
| arrepender-se (vr) | жалити (нг) | žáliti |
| assinar (vt) | потписивати (пг) | potpisívati |
| brincar (vi) | шалити се | šáliti se |
| | | |
| brincar, jogar (vi, vt) | играти (нг) | ígrati |
| buscar (vt) | тражити (пг) | trážiti |
| caçar (vi) | ловити (пг) | lóviti |
| cair (vi) | падати (нг) | pádati |
| | | |
| cavar (vt) | копати (пг) | kópati |
| chamar (~ por socorro) | звати (пг) | zváti |
| | | |
| chegar (vi) | стизати (нг) | stízati |
| chorar (vi) | плакати (нг) | plákati |
| começar (vt) | почињати (нг, пг) | póčinjati |
| | | |
| comparar (vt) | упоређивати (пг) | upoređívati |
| concordar (dizer "sim") | слагати се | slágati se |
| | | |
| confiar (vt) | веровати (пг) | vérovati |
| confundir (equivocar-se) | бркати (пг) | bŕkati |
| conhecer (vt) | знати (пг) | znáti |
| contar (fazer contas) | рачунати (пг) | račúnati |
| | | |
| contar com ... | рачунати на ... | račúnati na ... |
| continuar (vt) | настављати (пг) | nástavljati |
| | | |
| controlar (vt) | контролисати (пг) | kontrólisati |
| convidar (vt) | позивати (пг) | pozívati |
| correr (vi) | трчати (нг) | tŕčati |
| criar (vt) | створити (пг) | stvóriti |
| custar (vt) | коштати (нг) | kóštati |

## 14. Os verbos mais importantes. Parte 2

| | | |
|---|---|---|
| dar (vt) | давати (nr) | dávati |
| dar uma dica | дати миг | dáti mig |
| decorar (enfeitar) | украшавати (nr) | ukrašávati |
| defender (vt) | штитити (nr) | štítiti |
| deixar cair (vt) | испуштати (nr) | ispúštati |
| | | |
| descer (para baixo) | спуштати се | spúštati se |
| desculpar (vt) | извињавати (nr) | izvinjávati |
| desculpar-se (vr) | извињавати се | izvinjávati se |
| dirigir (~ uma empresa) | руководити (nr) | rukovóditi |
| discutir (notícias, etc.) | расправљати (nr) | ráspravljati |
| | | |
| disparar, atirar (vi) | пуцати (нr) | púcati |
| dizer (vt) | рећи (nr) | réći |
| duvidar (vt) | сумњати (нr) | súmnjati |
| encontrar (achar) | наћи (nr) | náći |
| enganar (vt) | обмањивати (nr) | obmanjívati |
| | | |
| entender (vt) | разумевати (nr) | razumévati |
| entrar (na sala, etc.) | ући, улазити (нr) | úći, úlaziti |
| enviar (uma carta) | слати (nr) | sláti |
| errar (enganar-se) | грешити (нr) | gréšiti |
| escolher (vt) | бирати (nr) | bírati |
| | | |
| esconder (vt) | крити (nr) | kríti |
| escrever (vt) | писати (nr) | písati |
| esperar (aguardar) | чекати (нr, nr) | čékati |
| esperar (ter esperança) | надати се | nádati se |
| esquecer (vt) | заборављати (нr, nr) | zabóravljati |
| | | |
| estudar (vt) | студирати (nr) | studírati |
| exigir (vt) | захтевати, тражити | zahtévati, trážiti |
| existir (vi) | постојати (нr) | póstojati |
| explicar (vt) | објашњавати (nr) | objašnjávati |
| | | |
| falar (vi) | говорити (нr) | govóriti |
| faltar (a la escuela, etc.) | пропуштати (nr) | propúštati |
| fazer (vt) | радити (nr) | ráditi |
| ficar em silêncio | ћутати (нr) | ćútati |
| gabar-se (vr) | хвалисати се | hválisati se |
| | | |
| gostar (apreciar) | свиђати се | svíđati se |
| gritar (vi) | викати (нr) | víkati |
| guardar (fotos, etc.) | чувати (nr) | čúvati |
| | | |
| informar (vt) | информисати (nr) | infórmisati |
| insistir (vi) | инсистирати (нr) | insistírati |
| | | |
| insultar (vt) | вређати (nr) | vréđati |
| interessar-se (vr) | интересовати се | ínteresovati se |
| ir (a pé) | ићи (нr) | íći |
| ir nadar | купати се | kúpati se |
| jantar (vi) | вечерати (нr) | véčerati |

## 15. Os verbos mais importantes. Parte 3

| | | |
|---|---|---|
| ler (vt) | читати (нг, пг) | čítati |
| libertar, liberar (vt) | ослобађати (пг) | oslobáđati |
| matar (vt) | убијати (нг) | ubíjati |
| mencionar (vt) | спомињати (пг) | spóminjati |
| mostrar (vt) | показивати (пг) | pokazívati |
| | | |
| mudar (modificar) | променити (пг) | proméniti |
| nadar (vi) | пливати (нг) | plívati |
| negar-se a ... (vr) | одбијати се | odbíjati se |
| objetar (vt) | приговарати (нг) | prigovárati |
| | | |
| observar (vt) | посматрати (нг) | posmátrati |
| ordenar (mil.) | наређивати (пг) | naređívati |
| ouvir (vt) | чути (нг, пг) | čúti |
| pagar (vt) | платити (нг, пг) | plátiti |
| parar (vi) | заустављати се | zaústavljati se |
| | | |
| parar, cessar (vt) | прекидати (пг) | prekídati |
| participar (vi) | учествовати (нг) | účestvovati |
| pedir (comida, etc.) | наручивати (пг) | naručívati |
| pedir (um favor, etc.) | молити (пг) | móliti |
| pegar (tomar) | узети (пг) | úzeti |
| | | |
| pegar (uma bola) | ловити (пг) | lóviti |
| pensar (vi, vt) | мислити (нг) | mísliti |
| perceber (ver) | запажати (пг) | zapážati |
| perdoar (vt) | опраштати (пг) | opráštati |
| perguntar (vt) | питати (пг) | pítati |
| | | |
| permitir (vt) | дозвољавати (нг, пг) | dozvoljávati |
| pertencer a ... (vi) | припадати (нг) | prípadati |
| planejar (vt) | планирати (пг) | planírati |
| poder (~ fazer algo) | моћи (нг) | móći |
| possuir (uma casa, etc.) | поседовати (пг) | pósedovati |
| | | |
| preferir (vt) | преферирати (пг) | preferírati |
| preparar (vt) | кувати (пг) | kúvati |
| prever (vt) | предвиђати (пг) | predvíđati |
| prometer (vt) | обећати (пг) | obéćati |
| pronunciar (vt) | изговарати (пг) | izgovárati |
| | | |
| propor (vt) | предлагати (пг) | predlágati |
| punir (castigar) | кажњавати (пг) | kažnjávati |
| quebrar (vt) | ломити (пг) | lómiti |
| queixar-se de ... | жалити се | žáliti se |
| querer (desejar) | хтети (пг) | htéti |

## 16. Os verbos mais importantes. Parte 4

| | | |
|---|---|---|
| ralhar, repreender (vt) | грдити (пг) | gŕditi |
| recomendar (vt) | препоручивати (пг) | preporučívati |

| | | |
|---|---|---|
| repetir (dizer outra vez) | понављати (пг) | ponávljati |
| reservar (~ um quarto) | резервисати (пг) | rezervísati |
| responder (vt) | одговарати (нг, пг) | odgovárati |
| | | |
| rezar, orar (vi) | молити се | móliti se |
| rir (vi) | смејати се | sméjati se |
| roubar (vt) | красти (пг) | krásti |
| saber (vt) | знати (пг) | znáti |
| sair (~ de casa) | изаћи (нг) | ízaći |
| | | |
| salvar (resgatar) | спасавати (пг) | spasávati |
| seguir (~ alguém) | пратити (пг) | prátiti |
| sentar-se (vr) | седати (нг) | sédati |
| ser necessário | бити потребан | bíti pótreban |
| | | |
| ser, estar | бити (нг, пг) | bíti |
| significar (vt) | значити (нг) | znáčiti |
| sorrir (vi) | осмехивати се | osmehívati se |
| subestimar (vt) | подцењивати (пг) | podcenjívati |
| surpreender-se (vr) | чудити се | čúditi se |
| | | |
| tentar (~ fazer) | пробати (нг) | próbati |
| ter (vt) | имати (пг) | ímati |
| ter fome | бити гладан | bíti gládan |
| | | |
| ter medo | плашити се | plášiti se |
| ter sede | бити жедан | bíti žédan |
| tocar (com as mãos) | дирати (пг) | dírati |
| tomar café da manhã | доручковати (нг) | dóručkovati |
| trabalhar (vi) | радити (нг) | ráditi |
| traduzir (vt) | преводити (пг) | prevóditi |
| | | |
| unir (vt) | уједињавати (пг) | ujedinjávati |
| vender (vt) | продавати (пг) | prodávati |
| ver (vt) | видети (пг) | vídeti |
| virar (~ para a direita) | скретати (нг) | skrétati |
| voar (vi) | летети (нг) | léteti |

# TEMPO. CALENDÁRIO

## 17. Dias da semana

| | | |
|---|---|---|
| segunda-feira (f) | понедељак (м) | ponédeljak |
| terça-feira (f) | уторак (м) | útorak |
| quarta-feira (f) | среда (ж) | sréda |
| quinta-feira (f) | четвртак (м) | četvŕtak |
| sexta-feira (f) | петак (м) | pétak |
| sábado (m) | субота (ж) | súbota |
| domingo (m) | недеља (ж) | nédelja |
| | | |
| hoje | данас | dánas |
| amanhã | сутра | sútra |
| depois de amanhã | прекосутра | prékosutra |
| ontem | jуче | júče |
| anteontem | прекјуче | prékjuče |
| | | |
| dia (m) | дан (м) | dan |
| dia (m) de trabalho | радни дан (м) | rádni dan |
| feriado (m) | празничан дан (м) | prázničan dan |
| dia (m) de folga | слободан дан (м) | slóbodan dan |
| fim (m) de semana | викенд (м) | víkend |
| | | |
| o dia todo | цео дан | céo dan |
| no dia seguinte | следећег дана, сутра | slédećeg dána, sútra |
| há dois dias | пре два дана | pre dva dána |
| na véspera | уочи | úoči |
| diário (adj) | свакодневан | svákodnevan |
| todos os dias | свакодневно | svákodnevno |
| | | |
| semana (f) | недеља (ж) | nédelja |
| na semana passada | прошле недеље | próšle nedelje |
| semana que vem | следеће недеље | slédeće nédelje |
| semanal (adj) | недељни | nédeljni |
| toda semana | недељно | nédeljno |
| duas vezes por semana | два пута недељно | dva púta nédeljno |
| toda terça-feira | сваког уторка | svákog útorka |

## 18. Horas. Dia e noite

| | | |
|---|---|---|
| manhã (f) | jутро (с) | jútro |
| de manhã | уjутру | újutru |
| meio-dia (m) | подне (с) | pódne |
| à tarde | поподне | popódne |
| | | |
| tardinha (f) | вече (с) | véče |
| à tardinha | увече | úveče |

| | | |
|---|---|---|
| noite (f) | ноћ (ж) | noć |
| à noite | ноћу | nóću |
| meia-noite (f) | поноћ (ж) | pónoć |

| | | |
|---|---|---|
| segundo (m) | секунд (м) | sékund |
| minuto (m) | минут (ж) | mínut |
| hora (f) | сат (м) | sat |
| meia hora (f) | пола сата | póla sáta |
| quarto (m) de hora | четврт сата | čétvrt sáta |
| quinze minutos | петнаест минута | pétnaest minúta |
| vinte e quatro horas | двадесет четири сата | dvádeset čétiri sáta |

| | | |
|---|---|---|
| nascer (m) do sol | излазак (м) сунца | ízlazak súnca |
| amanhecer (m) | свануће (с) | svanúće |
| madrugada (f) | рано јутро (с) | ráno jútro |
| pôr-do-sol (m) | залазак (м) сунца | zálazak súnca |

| | | |
|---|---|---|
| de madrugada | рано ујутру | ráno újutru |
| esta manhã | јутрос | jútros |
| amanhã de manhã | сутра ујутру | sútra újutru |

| | | |
|---|---|---|
| esta tarde | овог поподнева | óvog popódneva |
| à tarde | поподне | popódne |
| amanhã à tarde | сутра поподне | sútra popódne |

| | | |
|---|---|---|
| esta noite, hoje à noite | вечерас | večéras |
| amanhã à noite | сутра увече | sútra úveče |

| | | |
|---|---|---|
| às três horas em ponto | тачно у три сата | táčno u tri sáta |
| por volta das quatro | око четири сата | óko čétiri sáta |
| às doze | до дванаест сати | do dvánaest sáti |

| | | |
|---|---|---|
| em vinte minutos | за двадесет минута | za dvádeset minúta |
| em uma hora | за сат времена | za sat vrémena |
| a tempo | навреме | návreme |

| | | |
|---|---|---|
| ... um quarto para | четвртина до | četvŕtina do |
| dentro de uma hora | за сат времена | za sat vrémena |
| a cada quinze minutos | сваких петнаест минута | svákih pétnaest minúta |
| as vinte e quatro horas | дан и ноћ | dan i noć |

## 19. Meses. Estações

| | | |
|---|---|---|
| janeiro (m) | јануар (м) | jánuar |
| fevereiro (m) | фебруар (м) | fébruar |
| março (m) | март (м) | mart |
| abril (m) | април (м) | ápril |
| maio (m) | мај (м) | maj |
| junho (m) | јун, јуни (м) | jun, júni |

| | | |
|---|---|---|
| julho (m) | јули (м) | júli |
| agosto (m) | август (м) | ávgust |
| setembro (m) | септембар (м) | séptembar |
| outubro (m) | октобар (м) | óktobar |

| | | |
|---|---|---|
| novembro (m) | новембар (м) | nóvembar |
| dezembro (m) | децембар (м) | décembar |
| | | |
| primavera (f) | пролеће (c) | próleće |
| na primavera | у пролеће | u próleće |
| primaveril (adj) | пролећни | prólećni |
| | | |
| verão (m) | лето (c) | léto |
| no verão | лети | léti |
| de verão | летни | létni |
| | | |
| outono (m) | јесен (ж) | jésen |
| no outono | у јесен | u jésen |
| outonal (adj) | јесењи | jésenji |
| | | |
| inverno (m) | зима (ж) | zíma |
| no inverno | зими | zími |
| de inverno | зимски | zímski |
| | | |
| mês (m) | месец (м) | mésec |
| este mês | овог месеца | óvog méseca |
| mês que vem | следећег месеца | slédećeg méseca |
| no mês passado | прошлог месеца | próšlog méseca |
| | | |
| um mês atrás | пре месец дана | pre mésec dána |
| em um mês | за месец дана | za mésec dána |
| em dois meses | за два месеца | za dva meséca |
| todo o mês | цео месец | céo mésec |
| um mês inteiro | цео месец | céo mésec |
| | | |
| mensal (adj) | месечни | mésečni |
| mensalmente | месечно | mésečno |
| todo mês | сваког месеца | svákog méseca |
| duas vezes por mês | два пута месечно | dva púta mésečno |
| | | |
| ano (m) | година (ж) | gódina |
| este ano | ове године | óve gódine |
| ano que vem | следеће године | slédeće gódine |
| no ano passado | прошла година | próšla gódina |
| | | |
| há um ano | пре годину дана | pre gódinu dána |
| em um ano | за годину дана | za gódinu dána |
| dentro de dois anos | за две године | za dve gódine |
| todo o ano | цела година | céla gódina |
| um ano inteiro | цела година | céla gódina |
| | | |
| cada ano | сваке године | sváke gódine |
| anual (adj) | годишњи | gódišnji |
| anualmente | годишње | gódišnje |
| quatro vezes por ano | четири пута годишње | čétiri púta gódišnje |
| | | |
| data (~ de hoje) | датум (м) | dátum |
| data (ex. ~ de nascimento) | датум (м) | dátum |
| calendário (m) | календар (м) | kaléndar |
| meio ano | пола године | póla gódine |
| seis meses | полугодиште (c) | polugódište |

| | | |
|---|---|---|
| estação (f) | сезона (ж) | sezóna |
| século (m) | век (м) | vek |

# VIAGENS. HOTEL

## 20. Viagens

| | | |
|---|---|---|
| turismo (m) | туризам (м) | turízam |
| turista (m) | туриста (м) | turísta |
| viagem (f) | путовање (с) | putovánje |
| aventura (f) | авантура (ж) | avantúra |
| percurso (curta viagem) | путовање (с) | putovánje |

| | | |
|---|---|---|
| férias (f pl) | одмор (м) | ódmor |
| estar de férias | бити на годишњем одмору | bíti na gódišnjem ódmoru |
| descanso (m) | одмор (м) | ódmor |

| | | |
|---|---|---|
| trem (m) | воз (м) | voz |
| de trem (chegar ~) | возом | vózom |
| avião (m) | авион (м) | avíon |
| de avião | авионом | aviónom |
| de carro | колима, аутом | kólima, áutom |
| de navio | бродом | bródom |

| | | |
|---|---|---|
| bagagem (f) | пртљаг (м) | pŕtljag |
| mala (f) | кофер (м) | kófer |
| carrinho (m) | колица (мн) за пртљаг | kolíca za pŕtljag |

| | | |
|---|---|---|
| passaporte (m) | пасош (м) | pásoš |
| visto (m) | виза (ж) | víza |
| passagem (f) | карта (ж) | kárta |
| passagem (f) aérea | авионска карта (ж) | aviónska kárta |

| | | |
|---|---|---|
| guia (m) de viagem | водич (м) | vódič |
| mapa (m) | мапа (ж) | mápa |
| área (f) | подручје (с) | pódručje |
| lugar (m) | место (с) | mésto |

| | | |
|---|---|---|
| exotismo (m) | егзотика (ж) | egzótika |
| exótico (adj) | егзотичан | egzótičan |
| surpreendente (adj) | диван | dívan |

| | | |
|---|---|---|
| grupo (m) | група (ж) | grúpa |
| excursão (f) | екскурзија (ж) | ekskúrzija |
| guia (m) | водич (м) | vódič |

## 21. Hotel

| | | |
|---|---|---|
| hotel (m) | хотел (м) | hótel |
| motel (m) | мотел (м) | mótel |

| | | |
|---|---|---|
| três estrelas | три звездице | tri zvézdice |
| cinco estrelas | пет звездица | pet zvézdica |
| ficar (vi, vt) | одсести (нг) | ódsesti |
| | | |
| quarto (m) | соба (ж) | sóba |
| quarto (m) individual | једнокреветна соба (ж) | jédnokrevetna sóba |
| quarto (m) duplo | двокреветна соба (ж) | dvókrevetna sóba |
| reservar um quarto | резервисати собу | rezervísati sóbu |
| | | |
| meia pensão (f) | полупансион (м) | polupansíon |
| pensão (f) completa | пун пансион (м) | pun pansíon |
| | | |
| com banheira | са кадом | sa kádom |
| com chuveiro | са тушем | sa túšem |
| televisão (m) por satélite | сателитска телевизија (ж) | satelítska televízija |
| ar (m) condicionado | клима (ж) | klíma |
| toalha (f) | пешкир (м) | péškir |
| chave (f) | кључ (м) | ključ |
| | | |
| administrador (m) | администратор (м) | administrátor |
| camareira (f) | собарица (ж) | sóbarica |
| bagageiro (m) | носач (м) | nósač |
| porteiro (m) | вратар (м) | vrátar |
| | | |
| restaurante (m) | ресторан (м) | restóran |
| bar (m) | бар (м) | bar |
| café (m) da manhã | доручак (м) | dóručak |
| jantar (m) | вечера (ж) | véčera |
| bufê (m) | шведски сто (м) | švédski sto |
| | | |
| saguão (m) | фоаје (м) | foáje |
| elevador (m) | лифт (м) | lift |
| | | |
| NÃO PERTURBE | НЕ УЗНЕМИРАВАТИ | NE UZNEMIRAVATI |
| PROIBIDO FUMAR! | ЗАБРАЊЕНО ПУШЕЊЕ | ZABRANJENO PUŠENJE |

## 22. Turismo

| | | |
|---|---|---|
| monumento (m) | споменик (м) | spómenik |
| fortaleza (f) | тврђава (ж) | tvŕđava |
| palácio (m) | палата (ж) | paláta |
| castelo (m) | замак (м) | zámak |
| torre (f) | кула (ж) | kúla |
| mausoléu (m) | маузолеј (м) | mauzólej |
| | | |
| arquitetura (f) | архитектура (ж) | arhitektúra |
| medieval (adj) | средњовековни | srednjovékovni |
| antigo (adj) | старински | starínski |
| nacional (adj) | национални | nacionálni |
| famoso, conhecido (adj) | чувен | čúven |
| | | |
| turista (m) | туриста (м) | turísta |
| guia (pessoa) | водич (м) | vódič |
| excursão (f) | екскурзија (ж) | ekskúrzija |

| | | |
|---|---|---|
| mostrar (vt) | показивати (пг) | pokazívati |
| contar (vt) | причати (пг) | príčati |

| | | |
|---|---|---|
| encontrar (vt) | наћи (пг) | náći |
| perder-se (vr) | изгубити се | izgúbiti se |
| mapa (~ do metrô) | мапа (ж) | mápa |
| mapa (~ da cidade) | план (м) | plan |

| | | |
|---|---|---|
| lembrança (f), presente (m) | сувенир (м) | suvénir |
| loja (f) de presentes | продавница (ж) сувенира | pródavnica suveníra |
| tirar fotos, fotografar | сликати (пг) | slíkati |
| fotografar-se (vr) | сликати се | slíkati se |

# TRANSPORTES

| | | |
|---|---|---|
| aeroporto (m) | аеродром (м) | aeródrom |
| avião (m) | авион (м) | avíon |
| companhia (f) aérea | авио-компанија (ж) | ávio-kompánija |
| controlador (m) de tráfego aéreo | контролор (м) лета | kontrólor léta |
| partida (f) | полазак (м) | pólazak |
| chegada (f) | долазак (м) | dólazak |
| chegar (vi) | долетети (нг) | doléteti |
| hora (f) de partida | време (с) поласка | vréme pólaska |
| hora (f) de chegada | време (с) доласка | vréme dólaska |
| estar atrasado | каснити (нг) | kásniti |
| atraso (m) de voo | кашњење (с) лета | kášnjenje léta |
| painel (m) de informação | информативна табла (ж) | ínformativna tábla |
| informação (f) | информација (ж) | informácija |
| anunciar (vt) | објављивати (пг) | objavljívati |
| voo (m) | лет (м) | let |
| alfândega (f) | царина (ж) | cárina |
| funcionário (m) da alfândega | цариник (м) | cárinik |
| declaração (f) alfandegária | царинска декларација (ж) | cárinska deklarácija |
| preencher (vt) | попунити (пг) | pópuniti |
| preencher a declaração | попунити декларацију | pópuniti deklaráciju |
| controle (m) de passaporte | пасошка контрола (ж) | pásoška kontróla |
| bagagem (f) | пртљаг (м) | pŕtljag |
| bagagem (f) de mão | ручни пртљаг (м) | rúčni pŕtljag |
| carrinho (m) | колица (мн) за пртљаг | kolíca za pŕtljag |
| pouso (m) | слетање (с) | slétanje |
| pista (f) de pouso | писта (ж) за слетање | písta za slétanje |
| aterrissar (vi) | спуштати се | spúštati se |
| escada (f) de avião | степенице (мн) | stépenice |
| check-in (m) | регистрација (ж), чекирање (с) | registrácija, čekíranje |
| balcão (m) do check-in | шалтер (м) за чекирање | šálter za čekíranje |
| fazer o check-in | пријавити се | prijáviti se |
| cartão (m) de embarque | бординг карта (ж) | bórding kárta |
| portão (m) de embarque | излаз (м) | ízlaz |
| trânsito (m) | транзит (м) | tránzit |
| esperar (vi, vt) | чекати (нг, пг) | čékati |

| | | |
|---|---|---|
| sala (f) de espera | чекаоница (ж) | čekaónica |
| despedir-se (acompanhar) | пратити (пг) | prátiti |
| despedir-se (dizer adeus) | опраштати се | opráštati se |

## 24. Avião

| | | |
|---|---|---|
| avião (m) | авион (м) | avíon |
| passagem (f) aérea | авионска карта (ж) | aviónska kárta |
| companhia (f) aérea | авио-компанија (ж) | ávio-kompánija |
| aeroporto (m) | аеродром (м) | aeródrom |
| supersônico (adj) | суперсоничан | supersóničan |

| | | |
|---|---|---|
| comandante (m) do avião | капетан (м) авиона | kapétan avíona |
| tripulação (f) | посада (ж) | pósada |
| piloto (m) | пилот (м) | pílot |
| aeromoça (f) | стјуардеса (ж) | stjuardésa |
| copiloto (m) | навигатор (м) | navígator |

| | | |
|---|---|---|
| asas (f pl) | крила (мн) | kríla |
| cauda (f) | реп (м) | rep |
| cabine (f) | кабина (ж) | kabína |
| motor (m) | мотор (м) | mótor |
| trem (m) de pouso | шасија (ж) | šásija |
| turbina (f) | турбина (ж) | turbína |

| | | |
|---|---|---|
| hélice (f) | пропелер (м) | propéler |
| caixa-preta (f) | црна кутија (ж) | cŕna kútija |

| | | |
|---|---|---|
| coluna (f) de controle | управљач (м) | uprávljač |
| combustível (m) | гориво (м) | górivo |

| | | |
|---|---|---|
| instruções (f pl) de segurança | упутство (с) за ванредне ситуације | úputstvo za vanredne situácije |
| máscara (f) de oxigênio | маска (ж) за кисеоник | máska za kiseónik |
| uniforme (m) | униформа (ж) | úniforma |

| | | |
|---|---|---|
| colete (m) salva-vidas | прслук (м) за спасавање | pŕsluk za spásavanje |
| paraquedas (m) | падобран (м) | pádobran |

| | | |
|---|---|---|
| decolagem (f) | полетање, узлетање (с) | polétanje, uzlétanje |
| descolar (vi) | полетати (нг) | polétati |
| pista (f) de decolagem | писта (ж) | písta |

| | | |
|---|---|---|
| visibilidade (f) | видљивост (ж) | vídljivost |
| voo (m) | лет (м) | let |

| | | |
|---|---|---|
| altura (f) | висина (ж) | visína |
| poço (m) de ar | ваздушни џеп (м) | vázdušni džep |

| | | |
|---|---|---|
| assento (m) | седиште (с) | sédište |
| fone (m) de ouvido | слушалице (мн) | slúšalice |
| mesa (f) retrátil | сточић (м) на расклапање | stóčić na rasklápanje |
| janela (f) | прозор (м) | prózor |
| corredor (m) | пролаз (м) | prólaz |

## 25. Comboio

| trem (m) | воз (м) | voz |
| trem (m) elétrico | електрични воз (м) | eléktrični voz |
| trem (m) | брзи воз (м) | bŕzi voz |
| locomotiva (f) diesel | дизел локомотива (ж) | dízel lokomotíva |
| locomotiva (f) a vapor | парна локомотива (ж) | párna lokomotíva |
| | | |
| vagão (f) de passageiros | вагон (м) | vágon |
| vagão-restaurante (m) | вагон ресторан (м) | vágon restóran |
| | | |
| carris (m pl) | шине (мн) | šíne |
| estrada (f) de ferro | железница (ж) | žéleznica |
| travessa (f) | праг (м) | prag |
| | | |
| plataforma (f) | перон (м) | péron |
| linha (f) | колосек (м) | kólosek |
| semáforo (m) | семафор (м) | sémafor |
| estação (f) | станица (ж) | stánica |
| | | |
| maquinista (m) | машиновођа (м) | mašinóvođa |
| bagageiro (m) | носач (м) | nósač |
| hospedeiro, -a (m, f) | послужитељ (м) у возу | poslúžitelj u vózu |
| passageiro (m) | путник (м) | pútnik |
| revisor (m) | контролер (м) | kontróler |
| | | |
| corredor (m) | ходник (м) | hódnik |
| freio (m) de emergência | кочница (ж) | kóčnica |
| | | |
| compartimento (m) | купе (м) | kúpe |
| cama (f) | лежај (м) | léžaj |
| cama (f) de cima | горњи лежај (м) | górnji léžaj |
| cama (f) de baixo | доњи лежај (м) | dónji léžaj |
| roupa (f) de cama | постељина (ж) | posteljína |
| | | |
| passagem (f) | карта (ж) | kárta |
| horário (m) | ред (м) вожње | red vóžnje |
| painel (m) de informação | табла (ж) | tábla |
| | | |
| partir (vt) | одлазити (нг) | ódlaziti |
| partida (f) | полазак (м) | pólazak |
| | | |
| chegar (vi) | долазити (нг) | dólaziti |
| chegada (f) | долазак (м) | dólazak |
| | | |
| chegar de trem | доћи возом | dóći vózom |
| pegar o trem | сести у воз | sésti u voz |
| descer de trem | сићи с воза | síći s vóza |
| | | |
| acidente (m) ferroviário | железничка несрећа (ж) | žéleznička nésreća |
| descarrilar (vi) | исклизнути из шина | ískliznuti iz šína |
| locomotiva (f) a vapor | парна локомотива (ж) | párna lokomotíva |
| foguista (m) | ложач (м) | lóžač |
| fornalha (f) | ложиште (с) | lóžište |
| carvão (m) | угаљ (м) | úgalj |

## 26. Barco

| | | |
|---|---|---|
| navio (m) | брод (м) | brod |
| embarcação (f) | брод (м) | brod |
| | | |
| barco (m) a vapor | пароброд (м) | párobrod |
| barco (m) fluvial | речни брод (м) | réčni brod |
| transatlântico (m) | прекоокеански брод (м) | prekookéanski brod |
| cruzeiro (m) | крстарица (ж) | krstárica |
| | | |
| iate (m) | јахта (ж) | jáhta |
| rebocador (m) | тегљач (м) | tégljač |
| barcaça (f) | шлеп (м) | šlép |
| ferry (m) | трајект (м) | trájekt |
| | | |
| veleiro (m) | једрењак (м) | jedrénjak |
| bergantim (m) | бригантина (ж) | brigantína |
| | | |
| quebra-gelo (m) | ледоломац (м) | ledolómac |
| submarino (m) | подморница (ж) | pódmornica |
| | | |
| bote, barco (m) | чамац (м) | čámac |
| baleeira (bote salva-vidas) | чамац (м) | čámac |
| bote (m) salva-vidas | чамац (м) за спасавање | čámac za spásavanje |
| lancha (f) | моторни брод (м) | mótorni brod |
| | | |
| capitão (m) | капетан (м) | kapétan |
| marinheiro (m) | морнар (м) | mórnar |
| marujo (m) | поморац, морнар (м) | pómorac, mórnar |
| tripulação (f) | посада (ж) | pósada |
| | | |
| contramestre (m) | вођа (м) палубе | vóđa pálube |
| grumete (m) | бродски момак (м) | bródski mómak |
| cozinheiro (m) de bordo | кувар (м) | kúvar |
| médico (m) de bordo | бродски лекар (м) | bródski lékar |
| | | |
| convés (m) | палуба (ж) | páluba |
| mastro (m) | јарбол (м) | járbol |
| vela (f) | једро (с) | jédro |
| | | |
| porão (m) | потпалубље (с) | pótpalublje |
| proa (f) | прамац (м) | prámac |
| popa (f) | крма (ж) | kŕma |
| remo (m) | весло (с) | véslo |
| hélice (f) | бродски пропелер (м) | bródski propéler |
| | | |
| cabine (m) | кабина (ж) | kabína |
| sala (f) dos oficiais | официрска менза (ж) | ofícirska ménza |
| sala (f) das máquinas | стројарница (ж) | strójarnica |
| ponte (m) de comando | капетански мост (м) | kapétanski most |
| sala (f) de comunicações | радио кабина (ж) | rádio kabína |
| onda (f) | талас (м) | tálas |
| diário (m) de bordo | бродски дневник (м) | bródski dnévnik |
| luneta (f) | дурбин (м) | dúrbin |
| sino (m) | звоно (с) | zvóno |

| | | |
|---|---|---|
| bandeira (f) | застава (ж) | zástava |
| cabo (m) | конопац (м) | kónopac |
| nó (m) | чвор (м) | čvor |
| corrimão (m) | рукохват (м) | rúkohvat |
| prancha (f) de embarque | рампа (ж) | rámpa |
| âncora (f) | сидро (с) | sídro |
| recolher a âncora | дићи сидро | díći sídro |
| jogar a âncora | спустити сидро | spústiti sídro |
| amarra (corrente de âncora) | сидрени ланац (м) | sídreni lánac |
| porto (m) | лука (ж) | lúka |
| cais, amarradouro (m) | пристаниште (с) | prístanište |
| atracar (vi) | пристајати (нг) | prístajati |
| desatracar (vi) | отпловити (нг) | otplóviti |
| viagem (f) | путовање (с) | putovánje |
| cruzeiro (m) | крстарење (с) | krstárenje |
| rumo (m) | правац, курс (м) | právac, kurs |
| itinerário (m) | маршрута (ж) | maršrúta |
| canal (m) de navegação | пловни пут (м) | plóvni put |
| banco (m) de areia | плићак (м) | plíćak |
| encalhar (vt) | насукати се | násukati se |
| tempestade (f) | олуја (ж) | olúja |
| sinal (m) | сигнал (м) | sígnal |
| afundar-se (vr) | тонути (нг) | tónuti |
| Homem ao mar! | Човек у мору! | Čóvek u móru! |
| SOS | СОС | SOS |
| boia (f) salva-vidas | појас (м) за спасавање | pójas za spasávanje |

# CIDADE

| | | |
|---|---|---|
| ônibus (m) | аутобус (м) | autóbus |
| bonde (m) elétrico | трамвај (м) | trámvaj |
| trólebus (m) | тролејбус (м) | troléjbus |
| rota (f), itinerário (m) | маршрута (ж) | maršrúta |
| número (m) | број (м) | broj |
| | | |
| ir de ... (carro, etc.) | ићи ... | íći ... |
| entrar no ... | ући у ... | úći u ... |
| descer do ... | сићи (нг), изаћи из ... | síći, ízaći iz ... |
| | | |
| parada (f) | станица (ж) | stánica |
| próxima parada (f) | следећа станица (ж) | slédeća stánica |
| terminal (m) | последња станица (ж) | póslednja stánica |
| horário (m) | ред (м) вожње | red vóžnje |
| esperar (vt) | чекати (нг, пг) | čékati |
| | | |
| passagem (f) | карта (ж) | kárta |
| tarifa (f) | цена (ж) карте | céna kárte |
| | | |
| bilheteiro (m) | благајник (м) | blágajnik |
| controle (m) de passagens | контрола (ж) | kontróla |
| revisor (m) | контролер (м) | kontróler |
| | | |
| atrasar-se (vr) | каснити (нг) | kásniti |
| perder (o autocarro, etc.) | пропустити (пг) | propústiti |
| estar com pressa | журити (нг) | žúriti |
| | | |
| táxi (m) | такси (м) | táksi |
| taxista (m) | таксиста (м) | táksista |
| de táxi (ir ~) | таксијем | táksijem |
| ponto (m) de táxis | такси станица (ж) | táksi stánica |
| chamar um táxi | позвати такси | pózvati táksi |
| pegar um táxi | узети такси | úzeti taksi |
| | | |
| tráfego (m) | саобраћај (м) | sáobraćaj |
| engarrafamento (m) | гужва (ж) | gúžva |
| horas (f pl) de pico | шпиц (м) | špic |
| estacionar (vi) | паркирати се | parkírati se |
| estacionar (vt) | паркирати (пг) | parkírati |
| parque (m) de estacionamento | паркиралиште (с) | parkíralište |
| | | |
| metrô (m) | метро (м) | métro |
| estação (f) | станица (ж) | stánica |
| ir de metrô | ићи метроом | ići metróom |
| trem (m) | воз (м) | voz |
| estação (f) de trem | железничка станица (ж) | žéležnička stánica |

## 28.  Cidade. Vida na cidade

| | | |
|---|---|---|
| cidade (f) | град (м) | grad |
| capital (f) | главни град (м), престоница (ж) | glávni grad, préstonica |
| aldeia (f) | село (c) | sélo |
| | | |
| mapa (m) da cidade | план (м) града | plan gráda |
| centro (m) da cidade | центар (м) града | céntar gráda |
| subúrbio (m) | предграђе (c) | prédgrađe |
| suburbano (adj) | приградски | prígradski |
| | | |
| periferia (f) | предграђе (c) | prédgrađe |
| arredores (m pl) | околина (ж) | ókolina |
| quarteirão (m) | четврт (ж) | čétvrt |
| quarteirão (m) residencial | стамбена четврт (ж) | stámbena četvrt |
| | | |
| tráfego (m) | саобраћај (м) | sáobraćaj |
| semáforo (m) | семафор (м) | sémafor |
| transporte (m) público | градски превоз (м) | grádski prévoz |
| cruzamento (m) | раскрсница (ж) | ráskrsnica |
| | | |
| faixa (f) | пешачки прелаз (м) | péšački prélaz |
| túnel (m) subterrâneo | подземни пролаз (м) | pódzemni prólaz |
| cruzar, atravessar (vt) | прелазити (пг) | prélaziti |
| pedestre (m) | пешак (м) | péšak |
| calçada (f) | тротоар (м) | trotóar |
| | | |
| ponte (f) | мост (м) | most |
| margem (f) do rio | кеј (м) | kej |
| fonte (f) | чесма (ж) | čésma |
| | | |
| alameda (f) | алеја (ж) | aléja |
| parque (m) | парк (м) | park |
| bulevar (m) | булевар (м) | bulévar |
| praça (f) | трг (м) | tŕg |
| avenida (f) | авенија (ж) | avénija |
| rua (f) | улица (ж) | úlica |
| travessa (f) | споредна улица (ж) | spóredna úlica |
| beco (m) sem saída | ћорсокак (м) | ćorsókak |
| | | |
| casa (f) | кућа (ж) | kúća |
| edifício, prédio (m) | зграда (ж) | zgráda |
| arranha-céu (m) | небодер (м) | néboder |
| | | |
| fachada (f) | фасада (ж) | fasáda |
| telhado (m) | кров (м) | krov |
| janela (f) | прозор (м) | prózor |
| arco (m) | лук (м) | luk |
| coluna (f) | колона (ж) | kolóna |
| esquina (f) | угао, ћошак (м) | úgao, ćóšak |
| | | |
| vitrine (f) | излог (м) | ízlog |
| letreiro (m) | натпис (м) | nátpis |
| cartaz (do filme, etc.) | плакат (м) | plákat |

| | | |
|---|---|---|
| cartaz (m) publicitário | рекламни постер (м) | réklamni póster |
| painel (m) publicitário | билборд (м) | bílbord |
| | | |
| lixo (m) | смеће, ђубре (с) | smeće, đúbre |
| lata (f) de lixo | корпа (ж) за смеће | kórpa za smeće |
| jogar lixo na rua | бацати ђубре | bácati đúbre |
| aterro (m) sanitário | депонија (ж) | depónija |
| | | |
| orelhão (m) | говорница (ж) | góvornica |
| poste (m) de luz | стуб (м) | stub |
| banco (m) | клупа (ж) | klúpa |
| | | |
| polícia (m) | полицајац (м) | policájac |
| polícia (instituição) | полиција (ж) | polícija |
| mendigo, pedinte (m) | просјак (м) | prósjak |
| desabrigado (m) | бескућник (м) | béskućnik |

## 29. Instituições urbanas

| | | |
|---|---|---|
| loja (f) | продавница (ж) | pródavnica |
| drogaria (f) | апотека (ж) | apotéka |
| ótica (f) | оптика (ж) | óptika |
| centro (m) comercial | тржни центар (м) | tŕžni céntar |
| supermercado (m) | супермаркет (м) | supermárket |
| | | |
| padaria (f) | пекара (ж) | pékara |
| padeiro (m) | пекар (м) | pékar |
| pastelaria (f) | посластичарница (ж) | poslastičárnica |
| mercearia (f) | бакалница (ж) | bakálnica |
| açougue (m) | месара (ж) | mésara |
| | | |
| fruteira (f) | пиљарница (ж) | píljarnica |
| mercado (m) | пијаца (ж) | píjaca |
| | | |
| cafeteria (f) | кафић (м), кафана (ж) | káfić, kafána |
| restaurante (m) | ресторан (м) | restóran |
| bar (m) | пивница (ж) | pívnica |
| pizzaria (f) | пицерија (ж) | picérija |
| | | |
| salão (m) de cabeleireiro | фризерски салон (м) | frízerski sálon |
| agência (f) dos correios | пошта (ж) | póšta |
| lavanderia (f) | хемијско чишћење (с) | hémijsko číšćenje |
| estúdio (m) fotográfico | фото атеље (м) | fóto atélje |
| | | |
| sapataria (f) | продавница (ж) обуће | pródavnica óbuće |
| livraria (f) | књижара (ж) | knjížara |
| loja (f) de artigos esportivos | спортска радња (ж) | spórtska rádnja |
| | | |
| costureira (m) | поправка (ж) одеће | pópravka ódeće |
| aluguel (m) de roupa | изнајмљивање (с) одеће | iznajmljívanje ódeće |
| videolocadora (f) | изнајмљивање (с) филмова | iznajmljívanje fílmova |
| | | |
| circo (m) | циркус (м) | církus |
| jardim (m) zoológico | зоолошки врт (м) | zoóloški vŕt |

| | | |
|---|---|---|
| cinema (m) | биоскоп (м) | bíoskop |
| museu (m) | музеј (м) | múzej |
| biblioteca (f) | библиотека (ж) | bibliotéka |

| | | |
|---|---|---|
| teatro (m) | позориште (c) | pózorište |
| ópera (f) | опера (ж) | ópera |
| boate (casa noturna) | ноћни клуб (м) | nóćni klub |
| cassino (m) | коцкарница (ж) | kóckarnica |

| | | |
|---|---|---|
| mesquita (f) | џамија (ж) | džámija |
| sinagoga (f) | синагога (ж) | sinagóga |
| catedral (f) | катедрала (ж) | katedrála |
| templo (m) | храм (м) | hram |
| igreja (f) | црква (ж) | cŕkva |

| | | |
|---|---|---|
| faculdade (f) | институт (м) | instítut |
| universidade (f) | универзитет (м) | univerzitét |
| escola (f) | школа (ж) | škóla |

| | | |
|---|---|---|
| prefeitura (f) | управа (ж) | úprava |
| câmara (f) municipal | градска кућа (ж) | grádska kúća |
| hotel (m) | хотел (м) | hótel |
| banco (m) | банка (ж) | bánka |

| | | |
|---|---|---|
| embaixada (f) | амбасада (ж) | ambasáda |
| agência (f) de viagens | туристичка агенција (ж) | turística agéncija |
| agência (f) de informações | биро (c) за информације | bíro za informácije |
| casa (f) de câmbio | мењачница (ж) | menjáčnica |

| | | |
|---|---|---|
| metrô (m) | метро (м) | métro |
| hospital (m) | болница (ж) | bólnica |

| | | |
|---|---|---|
| posto (m) de gasolina | бензинска станица (ж) | bénzinska stánica |
| parque (m) de estacionamento | паркиралиште (c) | parkíralište |

## 30. Sinais

| | | |
|---|---|---|
| letreiro (m) | натпис (м) | nátpis |
| aviso (m) | натпис (м) | nátpis |
| cartaz, pôster (m) | плакат (м) | plákat |
| placa (f) de direção | путоказ (м) | pútokaz |
| seta (f) | стрелица (ж) | strélica |

| | | |
|---|---|---|
| aviso (advertência) | упозорење (c) | upozorénje |
| sinal (m) de aviso | знак (м) упозорења | znak upozorénja |
| avisar, advertir (vt) | упозорити (пг) | upozóriti |

| | | |
|---|---|---|
| dia (m) de folga | слободан дан (м) | slóbodan dan |
| horário (~ dos trens, etc.) | распоред (м) | ráspored |
| horário (m) | радно време (c) | rádno vréme |

| | | |
|---|---|---|
| BEM-VINDOS! | ДОБРО ДОШЛИ! | DOBRO DOŠLI! |
| ENTRADA | УЛАЗ | ULAZ |
| SAÍDA | ИЗЛАЗ | IZLAZ |

| | | |
|---|---|---|
| EMPURRE | ГУРАЈ | GURAJ |
| PUXE | ВУЦИ | VUCI |
| ABERTO | ОТВОРЕНО | OTVORENO |
| FECHADO | ЗАТВОРЕНО | ZATVORENO |
| | | |
| MULHER | ЖЕНЕ | ŽENE |
| HOMEM | МУШКАРЦИ | MUŠKARCI |
| | | |
| DESCONTOS | ПОПУСТИ | POPUSTI |
| SALDOS, PROMOÇÃO | РАСПРОДАЈА | RASPRODAJA |
| NOVIDADE! | НОВО! | NOVO! |
| GRÁTIS | БЕСПЛАТНО | BESPLATNO |
| | | |
| ATENÇÃO! | ПАЖЊА! | PAŽNJA! |
| NÃO HÁ VAGAS | НЕМА СЛОБОДНИХ СОБА | NEMA SLOBODNIH SOBA |
| RESERVADO | РЕЗЕРВИСАНО | REZERVISANO |
| | | |
| ADMINISTRAÇÃO | УПРАВА | UPRAVA |
| SOMENTE PESSOAL AUTORIZADO | САМО ЗА ОСОБЉЕ | SAMO ZA OSOBLJE |
| | | |
| CUIDADO CÃO FEROZ | ЧУВАЈ СЕ ПСА | ČUVAJ SE PSA |
| PROIBIDO FUMAR! | ЗАБРАЊЕНО ПУШЕЊЕ | ZABRANJENO PUŠENJE |
| NÃO TOCAR | НЕ ДИРАТИ | NE DIRATI |
| | | |
| PERIGOSO | ОПАСНО | OPASNO |
| PERIGO | ОПАСНОСТ | OPASNOST |
| ALTA TENSÃO | ВИСОКИ НАПОН | VISOKI NAPON |
| PROIBIDO NADAR | ЗАБРАЊЕНО КУПАЊЕ | ZABRANJENO KUPANJE |
| COM DEFEITO | НЕ РАДИ | NE RADI |
| | | |
| INFLAMÁVEL | ЗАПАЉИВО | ZAPALJIVO |
| PROIBIDO | ЗАБРАЊЕНО | ZABRANJENO |
| ENTRADA PROIBIDA | ЗАБРАЊЕН ПРОЛАЗ | ZABRANJEN PROLAZ |
| CUIDADO TINTA FRESCA | СВЕЖЕ ОФАРБАНО | SVEŽE OFARBANO |

## 31. Compras

| | | |
|---|---|---|
| comprar (vt) | куповати (пг) | kupóvati |
| compra (f) | куповина (ж) | kupóvina |
| fazer compras | ићи у шопинг | íći u šóping |
| compras (f pl) | куповина (ж) | kupóvina |
| | | |
| estar aberta (loja) | бити отворен | bíti ótvoren |
| estar fechada | бити затворен | bíti zátvoren |
| | | |
| calçado (m) | обућа (ж) | óbuća |
| roupa (f) | одећа (ж) | ódeća |
| cosméticos (m pl) | козметика (ж) | kozmétika |
| alimentos (m pl) | намирнице (мн) | námirnice |
| presente (m) | поклон (м) | póklon |
| | | |
| vendedor (m) | продавач (м) | prodávač |
| vendedora (f) | продавачица (ж) | prodaváčica |

| caixa (f) | **благајна** (ж) | blágajna |
| espelho (m) | **огледало** (c) | oglédalo |
| balcão (m) | **тезга** (ж) | tézga |
| provador (m) | **кабина** (ж) | kabína |

| provar (vt) | **пробати** (пг) | próbati |
| servir (roupa, caber) | **пристајати** (нг) | prístajati |
| gostar (apreciar) | **свиђати се** | svíđati se |

| preço (m) | **цена** (ж) | céna |
| etiqueta (f) de preço | **ценовник** (м) | cénovnik |
| custar (vt) | **коштати** (нг) | kóštati |
| Quanto? | **Колико?** | Kolíko? |
| desconto (m) | **попуст** (м) | pópust |

| não caro (adj) | **није скуп** | níje skup |
| barato (adj) | **јефтин** | jéftin |
| caro (adj) | **скуп** | skup |
| É caro | **То је скупо** | To je skúpo |

| aluguel (m) | **изнајмљивање** (c) | iznajmljívanje |
| alugar (roupas, etc.) | **изнајмити** (пг) | iznájmiti |
| crédito (m) | **кредит** (м) | krédit |
| a crédito | **на кредит** | na krédit |

# VESTUÁRIO & ACESSÓRIOS

## 32. Roupa exterior. Casacos

| | | |
|---|---|---|
| roupa (f) | одећа (ж) | ódeća |
| roupa (f) exterior | горња одећа (ж) | górnja ódeća |
| roupa (f) de inverno | зимска одећа (ж) | zímska ódeća |
| | | |
| sobretudo (m) | капут (м) | káput |
| casaco (m) de pele | бунда (ж) | búnda |
| jaqueta (f) de pele | кратка бунда (ж) | krátka búnda |
| casaco (m) acolchoado | перјана јакна (ж) | pérjana jákna |
| | | |
| casaco (m), jaqueta (f) | јакна (ж) | jákna |
| impermeável (m) | кишни мантил (м) | kíšni mántil |
| a prova d'água | водоотпоран | vodoótporan |

## 33. Vestuário de homem & mulher

| | | |
|---|---|---|
| camisa (f) | кошуља (ж) | kóšulja |
| calça (f) | панталоне (мн) | pantalóne |
| jeans (m) | фармерке (мн) | fármerke |
| paletó, terno (m) | сако (м) | sáko |
| terno (m) | одело (с) | odélo |
| | | |
| vestido (ex. ~ de noiva) | хаљина (ж) | háljina |
| saia (f) | сукња (ж) | súknja |
| blusa (f) | блуза (ж) | blúza |
| casaco (m) de malha | џемпер (м) | džémper |
| casaco, blazer (m) | жакет (м) | žáket |
| | | |
| camiseta (f) | мајица (ж) | májica |
| short (m) | шорц, шортс (м) | šorc, šorts |
| training (m) | спортски костим (м) | spórtski kóstim |
| roupão (m) de banho | баде мантил (м) | báde mántil |
| pijama (m) | пиџама (ж) | pidžáma |
| | | |
| suéter (m) | џемпер (м) | džémper |
| pulôver (m) | пуловер (м) | pulóver |
| | | |
| colete (m) | прслук (м) | prsluk |
| fraque (m) | фрак (м) | frak |
| smoking (m) | смокинг (м) | smóking |
| | | |
| uniforme (m) | униформа (ж) | úniforma |
| roupa (f) de trabalho | радна одећа (ж) | rádna ódeća |
| macacão (m) | комбинезон (м) | kombinézon |
| jaleco (m), bata (f) | мантил (м) | mántil |

## 34. Vestuário. Roupa interior

| | | |
|---|---|---|
| roupa (f) íntima | доње рубље (c) | dónje rúblje |
| cueca boxer (f) | мушке гаће (мн) | múške gáće |
| calcinha (f) | гаћице (мн) | gáćice |
| camiseta (f) | мајица (ж) | májica |
| meias (f pl) | чарапе (мн) | čárape |
| | | |
| camisola (f) | спаваћица (ж) | spaváćica |
| sutiã (m) | грудњак (м) | grúdnjak |
| meias longas (f pl) | доколенице (мн) | dokolénice |
| meias-calças (f pl) | хулахопке (мн) | húlahopke |
| meias (~ de nylon) | чарапе (мн) | čárape |
| maiô (m) | купаћи костим (м) | kúpaći kóstim |

## 35. Adereços de cabeça

| | | |
|---|---|---|
| chapéu (m), touca (f) | капа (ж) | kápa |
| chapéu (m) de feltro | шешир (м) | šéšir |
| boné (m) de beisebol | бејзбол качкет (м) | béjzbol káčket |
| boina (~ italiana) | енглеска капа (ж), качкет (м) | éngleska kápa, káčket |
| | | |
| boina (ex. ~ basca) | берета, беретка (ж) | beréta, beretka |
| capuz (m) | капуљача (ж) | kapúljača |
| chapéu panamá (m) | панама-шешир (м) | panáma-šéšir |
| touca (f) | плетена капа (ж) | plétena kápa |
| | | |
| lenço (m) | марама (ж) | márama |
| chapéu (m) feminino | женски шешир (м) | žénski šéšir |
| | | |
| capacete (m) de proteção | кацига (ж), шлем (м) | káciga, šlem |
| bibico (m) | титовка (ж) | títovka |
| capacete (m) | шлем (м) | šlem |
| | | |
| chapéu-coco (m) | полуцилиндар (м) | pólucilindar |
| cartola (f) | цилиндар (м) | cilíndar |

## 36. Calçado

| | | |
|---|---|---|
| calçado (m) | обућа (ж) | óbuća |
| botinas (f pl), sapatos (m pl) | ципеле (мн) | cípele |
| sapatos (de salto alto, etc.) | ципеле (мн) | cípele |
| botas (f pl) | чизме (мн) | čízme |
| pantufas (f pl) | папуче (мн) | pápuče |
| | | |
| tênis (~ Nike, etc.) | патике (мн) | pátike |
| tênis (~ Converse) | патике (мн) | pátike |
| sandálias (f pl) | сандале (мн) | sandále |
| | | |
| sapateiro (m) | обућар (м) | óbućar |
| salto (m) | потпетица (ж) | pótpetica |

| | | |
|---|---|---|
| par (m) | пар (м) | par |
| cadarço (m) | пертла (ж) | pértla |
| amarrar os cadarços | шнирати (пг) | šnírati |
| calçadeira (f) | кашика (ж) за ципеле | kášika za cípele |
| graxa (f) para calçado | крема (ж) за обућу | kréma za óbuću |

## 37. Acessórios pessoais

| | | |
|---|---|---|
| luva (f) | рукавице (мн) | rukávice |
| mitenes (f pl) | рукавице (мн) с једним прстом | rukávice s jednim prstom |
| cachecol (m) | шал (м) | šal |
| | | |
| óculos (m pl) | наочаре (мн) | náočare |
| armação (f) | оквир (м) | ókvir |
| guarda-chuva (m) | кишобран (м) | kíšobran |
| bengala (f) | штап (м) | štap |
| escova (f) para o cabelo | четка (ж) за косу | čétka za kósu |
| leque (m) | лепеза (ж) | lepéza |
| | | |
| gravata (f) | краватa (ж) | kraváta |
| gravata-borboleta (f) | лептир машна (ж) | léptir mášna |
| suspensórios (m pl) | трегери (мн) | trégeri |
| lenço (m) | џепна марамица (ж) | džépna máramica |
| | | |
| pente (m) | чешаљ (м) | čéšalj |
| fivela (f) para cabelo | шнала (ж) | šnála |
| grampo (m) | укосница (ж) | úkosnica |
| fivela (f) | копча (ж) | kópča |
| | | |
| cinto (m) | каиш (м) | káiš |
| alça (f) de ombro | каиш (м) | káiš |
| | | |
| bolsa (f) | торба (ж) | tórba |
| bolsa (feminina) | ташна (ж) | tášna |
| mochila (f) | ранац (м) | ránac |

## 38. Vestuário. Diversos

| | | |
|---|---|---|
| moda (f) | мода (ж) | móda |
| na moda (adj) | модеран | móderan |
| estilista (m) | модни креатор (м) | módni kreátor |
| | | |
| colarinho (m) | овратник (м) | óvratnik |
| bolso (m) | џеп (м) | džep |
| de bolso | џепни | džépni |
| manga (f) | рукав (м) | rúkav |
| ganchinho (m) | вешалица (ж) | véšalica |
| bragueta (f) | шлиц (м) | šlic |
| | | |
| zíper (m) | рајсфершлус (м) | rájsferšlus |
| colchete (m) | копча (ж) | kópča |

| | | |
|---|---|---|
| botão (m) | дугме (c) | dúgme |
| botoeira (casa de botão) | рупица (ж) | rúpica |
| soltar-se (vr) | откинути се | ótkinuti se |

| | | |
|---|---|---|
| costurar (vi) | шити (нг, пг) | šíti |
| bordar (vt) | вести (нг, пг) | vésti |
| bordado (m) | вез (м) | vez |
| agulha (f) | игла (ж) | ígla |
| fio, linha (f) | конац (м) | kónac |
| costura (f) | шав (м) | šav |

| | | |
|---|---|---|
| sujar-se (vr) | испрљати се | ispŕljati se |
| mancha (f) | мрља (ж) | mŕlja |
| amarrotar-se (vr) | изгужвати се | izgúžvati se |
| rasgar (vt) | цепати (пг) | cépati |
| traça (f) | мољац (м) | móljac |

## 39. Cuidados pessoais. Cosméticos

| | | |
|---|---|---|
| pasta (f) de dente | паста (ж) за зубе | pásta za zúbe |
| escova (f) de dente | четкица (ж) за зубе | čétkica za zúbe |
| escovar os dentes | прати зубе | práti zúbe |

| | | |
|---|---|---|
| gilete (f) | бријач (м) | bríjač |
| creme (m) de barbear | крема (ж) за бријање | kréma za bríjanje |
| barbear-se (vr) | бријати се | bríjati se |

| | | |
|---|---|---|
| sabonete (m) | сапун (м) | sápun |
| xampu (m) | шампон (м) | šámpon |

| | | |
|---|---|---|
| tesoura (f) | маказе (мн) | mákaze |
| lixa (f) de unhas | турпија (ж) за нокте | túrpija za nokte |
| corta-unhas (m) | грицкалица (ж) за нокте | gríckalica za nókte |
| pinça (f) | пинцета (ж) | pincéta |

| | | |
|---|---|---|
| cosméticos (m pl) | козметика (ж) | kozmétika |
| máscara (f) | маска (ж) | máska |
| manicure (f) | маникир (м) | mánikir |
| fazer as unhas | радити маникир | ráditi mánikir |
| pedicure (f) | педикир (м) | pédikir |

| | | |
|---|---|---|
| bolsa (f) de maquiagem | козметичка торбица (ж) | kozmétička tórbica |
| pó (de arroz) | пудер (м) | púder |
| pó (m) compacto | пудријера (ж) | pudrijéra |
| blush (m) | руменило (c) | ruménilo |

| | | |
|---|---|---|
| perfume (m) | парфем (м) | párfem |
| água-de-colônia (f) | тоалетна вода (ж) | tóaletna vóda |
| loção (f) | лосион (м) | lósion |
| colônia (f) | колоњска вода (ж) | kólonjska vóda |

| | | |
|---|---|---|
| sombra (f) de olhos | сенка (ж) за очи | sénka za óči |
| delineador (m) | оловка (ж) за очи | ólovka za óči |
| máscara (f), rímel (m) | маскара (ж) | máskara |

| | | |
|---|---|---|
| batom (m) | кармин (м) | kármin |
| esmalte (m) | лак (м) за нокте | lak za nókte |
| laquê (m), spray fixador (m) | лак (м) за косу | lak za kósu |
| desodorante (m) | дезодоранс (м) | dezodórans |

| | | |
|---|---|---|
| creme (m) | крема (ж) | kréma |
| creme (m) de rosto | крема (ж) за лице | kréma za líce |
| creme (m) de mãos | крема (ж) за руке | kréma za rúke |
| creme (m) antirrugas | крема (ж) против бора | kréma prótiv bóra |
| creme (m) de dia | дневна крема (ж) | dnévna kréma |
| creme (m) de noite | ноћна крема (ж) | nóćna kréma |
| de dia | дневни | dnévni |
| da noite | ноћни | nóćni |

| | | |
|---|---|---|
| absorvente (m) interno | тампон (м) | támpon |
| papel (m) higiênico | тоалет-папир (м) | toálet-pápir |
| secador (m) de cabelo | фен (м) | fen |

## 40. Relógios de pulso. Relógios

| | | |
|---|---|---|
| relógio (m) de pulso | сат (м) | sat |
| mostrador (m) | бројчаник (м) | brojčánik |
| ponteiro (m) | казаљка (ж) | kázaljka |
| bracelete (em aço) | наруквица (ж) | nárukvica |
| bracelete (em couro) | каиш (м) за сат | káiš za sat |

| | | |
|---|---|---|
| pilha (f) | батерија (ж) | báterija |
| acabar (vi) | испразнити се | isprázniti se |
| trocar a pilha | заменити батерију | zaméniti batériju |
| estar adiantado | журити (нг) | žúriti |
| estar atrasado | заостајати (нг) | zaóstajati |

| | | |
|---|---|---|
| relógio (m) de parede | зидни сат (м) | zídni sat |
| ampulheta (f) | пешчани сат (м) | péščani sat |
| relógio (m) de sol | сунчани сат (м) | súnčani sat |
| despertador (m) | будилник (м) | búdilnik |
| relojoeiro (m) | часовничар (м) | čásovničar |
| reparar (vt) | поправљати (пг) | pópravljati |

# EXPERIÊNCIA DO QUOTIDIANO

## 41. Dinheiro

| | | |
|---|---|---|
| dinheiro (m) | новац (м) | nóvac |
| câmbio (m) | размена (ж) | rázmena |
| taxa (f) de câmbio | курс (м) | kurs |
| caixa (m) eletrônico | банкомат (м) | bánkomat |
| moeda (f) | новчић (м) | nóvčić |
| | | |
| dólar (m) | долар (м) | dólar |
| euro (m) | евро (м) | évro |
| | | |
| lira (f) | италијанска лира (ж) | itálijanska líra |
| marco (m) | немачка марка (ж) | némačka márka |
| franco (m) | франак (м) | frának |
| libra (f) esterlina | фунта (ж) | fúnta |
| iene (m) | јен (м) | jen |
| | | |
| dívida (f) | дуг (м) | dug |
| devedor (m) | дужник (м) | dúžnik |
| emprestar (vt) | посудити | posúditi |
| pedir emprestado | позајмити (пг) | pozájmiti |
| | | |
| banco (m) | банка (ж) | bánka |
| conta (f) | рачун (м) | ráčun |
| depositar (vt) | положити (пг) | polóžiti |
| depositar na conta | положити на рачун | polóžiti na ráčun |
| sacar (vt) | подићи са рачуна | pódići sa račúna |
| | | |
| cartão (m) de crédito | кредитна картица (ж) | kréditna kártica |
| dinheiro (m) vivo | готовина (ж) | gótovina |
| cheque (m) | чек (м) | ček |
| passar um cheque | написати чек | napísati ček |
| talão (m) de cheques | чековна књижица (ж) | čékovna knjížica |
| | | |
| carteira (f) | новчаник (м) | novčánik |
| niqueleira (f) | новчаник (м) | novčánik |
| cofre (m) | сеф (м) | sef |
| | | |
| herdeiro (m) | наследник (м) | následnik |
| herança (f) | наследство (с) | následstvo |
| fortuna (riqueza) | богатство (с) | bogátstvo |
| | | |
| arrendamento (m) | закуп, најам (м) | zákup, nájam |
| aluguel (pagar o ~) | станарина (ж) | stánarina |
| alugar (vt) | изнајмити (пг) | iznájmiti |
| | | |
| preço (m) | цена (ж) | céna |
| custo (m) | вредност (ж) | vrédnost |

| | | |
|---|---|---|
| soma (f) | износ (м) | íznos |
| gastar (vt) | трошити (пг) | tróšiti |
| gastos (m pl) | трошкови (мн) | tróškovi |
| economizar (vi) | штедети (нг, пг) | štédeti |
| econômico (adj) | штедљив | štédljiv |
| | | |
| pagar (vt) | платити (нг, пг) | plátiti |
| pagamento (m) | плаћање (с) | pláćanje |
| troco (m) | кусур (м) | kúsur |
| | | |
| imposto (m) | порез (м) | pórez |
| multa (f) | новчана казна (ж) | nóvčana kázna |
| multar (vt) | кажњавати (пг) | kažnjávati |

## 42. Correios. Serviço postal

| | | |
|---|---|---|
| agência (f) dos correios | пошта (ж) | póšta |
| correio (m) | пошта (ж) | póšta |
| carteiro (m) | поштар (м) | póštar |
| horário (m) | радно време (с) | rádno vréme |
| | | |
| carta (f) | писмо (с) | písmo |
| carta (f) registada | препоручено писмо (с) | préporučeno písmo |
| cartão (m) postal | разгледница (ж) | rázglednica |
| telegrama (m) | телеграм (м) | télegram |
| encomenda (f) | пакет (м) | páket |
| transferência (f) de dinheiro | пренос (м) новца | prénos nóvca |
| | | |
| receber (vt) | примити (пг) | prímiti |
| enviar (vt) | послати (пг) | póslati |
| envio (m) | слање (с) | slánje |
| endereço (m) | адреса (ж) | adrésa |
| código (m) postal | поштански број (м) | póštanski broj |
| remetente (m) | пошиљалац (м) | póšiljalac |
| destinatário (m) | прималац (м) | prímalac |
| | | |
| nome (m) | име (с) | íme |
| sobrenome (m) | презиме (с) | prézime |
| tarifa (f) | тарифа (ж) | tarífa |
| ordinário (adj) | обичан | óbičan |
| econômico (adj) | економичан | ekónomičan |
| | | |
| peso (m) | тежина (ж) | težína |
| pesar (estabelecer o peso) | вагати (пг) | vágati |
| envelope (m) | коверат (м) | kovérat |
| selo (m) postal | поштанска марка (ж) | poštanska márka |
| colar o selo | лепити марку | lépiti márku |

## 43. Banca

| | | |
|---|---|---|
| banco (m) | банка (ж) | bánka |
| balcão (f) | експозитура (ж) | ekspozitúra |

| | | |
|---|---|---|
| consultor (m) bancário | банкарски службеник (м) | bánkarski slúžbenik |
| gerente (m) | менаџер (м) | ménadžer |

| | | |
|---|---|---|
| conta (f) | рачун (м) | ráčun |
| número (m) da conta | број (м) рачуна | broj račúna |
| conta (f) corrente | текући рачун (м) | tékući ráčun |
| conta (f) poupança | штедни рачун (м) | štédni ráčun |

| | | |
|---|---|---|
| abrir uma conta | отворити рачун | ótvoriti ráčun |
| fechar uma conta | затворити рачун | zatvóriti ráčun |
| depositar na conta | поставити на рачун | póstaviti na ráčun |
| sacar (vt) | подићи са рачуна | pódići sa račúna |

| | | |
|---|---|---|
| depósito (m) | депозит (м) | depózit |
| fazer um depósito | ставити новац на рачун | stáviti nóvac na ráčun |
| transferência (f) bancária | трансфер (м) новца | tránsfer nóvca |
| transferir (vt) | послати новац | póslati nóvac |

| | | |
|---|---|---|
| soma (f) | износ (м) | íznos |
| Quanto? | Колико? | Kolíko? |

| | | |
|---|---|---|
| assinatura (f) | потпис (м) | pótpis |
| assinar (vt) | потписати (пг) | potpísati |

| | | |
|---|---|---|
| cartão (m) de crédito | кредитна картица (ж) | kréditna kártica |
| senha (f) | код (м) | kod |
| número (m) do cartão de crédito | број (м) кредитне картице | broj kréditne kártice |
| caixa (m) eletrônico | банкомат (м) | bánkomat |

| | | |
|---|---|---|
| cheque (m) | чек (м) | ček |
| passar um cheque | написати чек | napísati ček |
| talão (m) de cheques | чековна књижица (ж) | čékovna knjížica |

| | | |
|---|---|---|
| empréstimo (m) | кредит (м) | krédit |
| pedir um empréstimo | затражити кредит | zátražiti krédit |
| obter empréstimo | узимати кредит | uzímati krédit |
| dar um empréstimo | давати кредит | dávati krédit |
| garantia (f) | гаранција (ж) | garáncija |

## 44. Telefone. Conversação telefônica

| | | |
|---|---|---|
| telefone (m) | телефон (м) | teléfon |
| celular (m) | мобилни телефон (м) | móbilni teléfon |
| secretária (f) eletrônica | секретарица (ж) | sekretárica |

| | | |
|---|---|---|
| fazer uma chamada | звати (пг) | zváti |
| chamada (f) | позив (м) | póziv |

| | | |
|---|---|---|
| discar um número | позвати број | pózvati broj |
| Alô! | Хало! | Hálo! |
| perguntar (vt) | упитати (пг) | upítati |
| responder (vt) | јавити се | jáviti se |
| ouvir (vt) | чути (нг, пг) | čúti |

| bem | добро | dóbro |
| mal | лоше | loše |
| ruído (m) | сметње (мн) | smétnje |

| fone (m) | слушалица (ж) | slúšalica |
| pegar o telefone | подићи слушалицу | pódići slúšalicu |
| desligar (vi) | спустити слушалицу | spústiti slúšalicu |

| ocupado (adj) | заузето | záuzeto |
| tocar (vi) | звонити (нг) | zvóniti |
| lista (f) telefônica | телефонски именик (м) | teléfonski ímenik |

| local (adj) | локалан | lókalan |
| chamada (f) local | локални позив (м) | lókalni póziv |
| de longa distância | међуградски | međugrádski |
| chamada (f) de longa distância | међуградски позив (м) | međugrádski póziv |
| internacional (adj) | међународни | međunárodni |
| chamada (f) internacional | међународни позив (м) | međunárodni póziv |

## 45. Telefone móvel

| celular (m) | мобилни телефон (м) | móbilni teléfon |
| tela (f) | дисплеј (м) | displéj |
| botão (m) | дугме (с) | dúgme |
| cartão SIM (m) | СИМ картица (ж) | SIM kártica |

| bateria (f) | батерија (ж) | báterija |
| descarregar-se (vr) | испразнити се | isprázniti se |
| carregador (m) | пуњач (м) | púnjač |

| menu (m) | мени (м) | méni |
| configurações (f pl) | подешавања (мн) | podešávanja |
| melodia (f) | мелодија (ж) | mélodija |
| escolher (vt) | изабрати (нг) | izábrati |

| calculadora (f) | калкулатор (м) | kalkulátor |
| correio (m) de voz | говорна пошта (ж) | góvorna póšta |
| despertador (m) | будилник (м) | búdilnik |
| contatos (m pl) | контакти (мн) | kóntakti |

| mensagem (f) de texto | СМС порука (ж) | SMS póruka |
| assinante (m) | претплатник (м) | prétplatnik |

## 46. Estacionário

| caneta (f) | хемијска оловка (ж) | hémijska ólovka |
| caneta (f) tinteiro | наливперо (с) | nálivpero |

| lápis (m) | оловка (ж) | ólovka |
| marcador (m) de texto | маркер (м) | márker |
| caneta (f) hidrográfica | фломастер (м) | flómaster |

| | | |
|---|---|---|
| bloco (m) de notas | нотес (м) | nótes |
| agenda (f) | роковник (м) | rokóvnik |
| régua (f) | лењир (м) | lénjir |
| calculadora (f) | калкулатор (м) | kalkulátor |
| borracha (f) | гумица (ж) | gúmica |
| alfinete (m) | пајснадла (ж) | pájsnadla |
| clipe (m) | спајалица (ж) | spájalica |
| cola (f) | лепак (м) | lépak |
| grampeador (m) | хефталица (ж) | héftalica |
| furador (m) de papel | бушилица (ж) за папир | búšilica za pápir |
| apontador (m) | резач (м) | rézač |

## 47. Línguas estrangeiras

| | | |
|---|---|---|
| língua (f) | језик (м) | jézik |
| estrangeiro (adj) | стран | stran |
| língua (f) estrangeira | страни језик (м) | stráni jézik |
| estudar (vt) | студирати (пг) | studírati |
| aprender (vt) | учити (пг) | účiti |
| ler (vt) | читати (нг, пг) | čítati |
| falar (vi) | говорити (нг) | govóriti |
| entender (vt) | разумевати (пг) | razumévati |
| escrever (vt) | писати (пг) | písati |
| rapidamente | брзо | bŕzo |
| devagar, lentamente | споро, полако | spóro, poláko |
| fluentemente | течно | téčno |
| regras (f pl) | правила (мн) | právila |
| gramática (f) | граматика (ж) | gramátika |
| vocabulário (m) | лексикон (м) | léksikon |
| fonética (f) | фонетика (ж) | fonétika |
| livro (m) didático | уџбеник (м) | údžbenik |
| dicionário (m) | речник (м) | réčnik |
| manual (m) autodidático | приручник (м) | príručnik |
| guia (m) de conversação | приручник (м) за конверзацију | príručnik za konverzáciju |
| fita (f) cassete | касета (ж) | kaséta |
| videoteipe (m) | видео касета (ж) | vídeo kaséta |
| CD (m) | ЦД диск (м) | CD disk |
| DVD (m) | ДВД (м) | DVD |
| alfabeto (m) | азбука, абецеда (ж) | ázbuka, abecéda |
| soletrar (vt) | спеловати (пг) | spélovati |
| pronúncia (f) | изговор (м) | ízgovor |
| sotaque (m) | нагласак (м) | náglasak |
| com sotaque | са нагласком | sa náglaskom |
| sem sotaque | без нагласка | bez náglaska |

| palavra (f) | реч (ж) | reč |
| sentido (m) | смисао (м) | smísao |

| curso (m) | течај (м) | téčaj |
| inscrever-se (vr) | уписати се | upísati se |
| professor (m) | професор (м) | prófesor |

| tradução (processo) | превођење (с) | prevóđenje |
| tradução (texto) | превод (м) | prévod |
| tradutor (m) | преводилац (м) | prevódilac |
| intérprete (m) | преводилац (м) | prevódilac |

| poliglota (m) | полиглота (м) | poliglóta |
| memória (f) | памћење (с) | pámćenje |

# REFEIÇÕES. RESTAURANTE

## 48. Por a mesa

| | | |
|---|---|---|
| colher (f) | кашика (ж) | kášika |
| faca (f) | нож (м) | nož |
| garfo (m) | виљушка (ж) | víljuška |
| | | |
| xícara (f) | шоља (ж) | šólja |
| prato (m) | тањир (м) | tánjir |
| pires (m) | тацна (ж) | tácna |
| guardanapo (m) | салвета (ж) | salvéta |
| palito (m) | чачкалица (ж) | čáčkalica |

## 49. Restaurante

| | | |
|---|---|---|
| restaurante (m) | ресторан (м) | restóran |
| cafeteria (f) | кафић (м), кафана (ж) | káfić, kafána |
| bar (m), cervejaria (f) | бар (м) | bar |
| salão (m) de chá | чајџиница (ж) | čájdžinica |
| | | |
| garçom (m) | конобар (м) | kónobar |
| garçonete (f) | конобарица (ж) | konobárica |
| barman (m) | бармен (м) | bármen |
| | | |
| cardápio (m) | јеловник (м) | jélovnik |
| lista (f) de vinhos | винска карта (ж) | vínska kárta |
| reservar uma mesa | резервисати сто | rezervísati sto |
| | | |
| prato (m) | јело (с) | jélo |
| pedir (vt) | наручити (пг) | narúčiti |
| fazer o pedido | наручити | narúčiti |
| | | |
| aperitivo (m) | аперитив (м) | áperitiv |
| entrada (f) | предјело (с) | prédjelo |
| sobremesa (f) | десерт (м) | désert |
| | | |
| conta (f) | рачун (м) | ráčun |
| pagar a conta | платити рачун | plátiti ráčun |
| dar o troco | вратити кусур | vrátiti kúsur |
| gorjeta (f) | бакшиш (м) | bákšiš |

## 50. Refeições

| | | |
|---|---|---|
| comida (f) | храна (ж) | hrána |
| comer (vt) | јести (нг, пг) | jésti |

| | | |
|---|---|---|
| café (m) da manhã | доручак (м) | dóručak |
| tomar café da manhã | доручковати (нг) | dóručkovati |
| almoço (m) | ручак (м) | rúčak |
| almoçar (vi) | ручати (нг) | rúčati |
| jantar (m) | вечера (ж) | véčera |
| jantar (vi) | вечерати (нг) | véčerati |
| | | |
| apetite (m) | апетит (м) | apétit |
| Bom apetite! | Пријатно! | Príjatno! |
| | | |
| abrir (~ uma lata, etc.) | отварати (нг) | otvárati |
| derramar (~ líquido) | пролити (пг) | próliti |
| derramar-se (vr) | пролити се | próliti se |
| | | |
| ferver (vi) | кључати (нг) | kljúčati |
| ferver (vt) | кључати (пг) | kljúčati |
| fervido (adj) | кувани | kúvani |
| esfriar (vt) | охладити (пг) | ohláditi |
| esfriar-se (vr) | охлађивати се | ohlađívati se |
| | | |
| sabor, gosto (m) | укус (м) | úkus |
| fim (m) de boca | укус (м) | úkus |
| | | |
| emagrecer (vi) | смршати (нг) | smŕšati |
| dieta (f) | дијета (ж) | dijéta |
| vitamina (f) | витамин (м) | vitámin |
| caloria (f) | калорија (ж) | kalórija |
| vegetariano (m) | вегетаријанац (м) | vegetarijánac |
| vegetariano (adj) | вегетаријански | vegetaríjanski |
| | | |
| gorduras (f pl) | масти (мн) | másti |
| proteínas (f pl) | беланчевине (мн) | belánčevine |
| carboidratos (m pl) | угљени хидрати (мн) | úgljeni hidráti |
| fatia (~ de limão, etc.) | парче (с) | párče |
| pedaço (~ de bolo) | комад (м) | kómad |
| migalha (f), farelo (m) | мрва (ж) | mŕva |

## 51. Pratos cozinhados

| | | |
|---|---|---|
| prato (m) | јело (с) | jélo |
| cozinha (~ portuguesa) | кухиња (ж) | kúhinja |
| receita (f) | рецепт (м) | récept |
| porção (f) | порција (ж) | pórcija |
| | | |
| salada (f) | салата (ж) | saláta |
| sopa (f) | супа (ж) | súpa |
| | | |
| caldo (m) | буљон (м) | búljon |
| sanduíche (m) | сендвич (м) | séndvič |
| ovos (m pl) fritos | пржена јаја (мн) | pŕžena jája |
| | | |
| hambúrguer (m) | хамбургер (м) | hámburger |
| bife (m) | бифтек (м) | bíftek |
| acompanhamento (m) | прилог (м) | prílog |

| espaguete (m) | шпагете (мн) | špagéte |
| purê (m) de batata | кромпир пире (м) | krómpir píre |
| pizza (f) | пица (ж) | píca |
| mingau (m) | каша (ж) | káša |
| omelete (f) | омлет (м) | ómlet |

| fervido (adj) | кувани | kúvani |
| defumado (adj) | димљени | dímljeni |
| frito (adj) | пржени | pŕženi |
| seco (adj) | сув | suv |
| congelado (adj) | замрзнут | zámrznut |
| em conserva (adj) | маринирани | marinírani |

| doce (adj) | сладак | sládak |
| salgado (adj) | слан | slan |
| frio (adj) | хладан | hládan |
| quente (adj) | врућ | vruć |
| amargo (adj) | горак | górak |
| gostoso (adj) | укусан | úkusan |

| cozinhar em água fervente | барити (пг) | báriti |
| preparar (vt) | кувати (пг) | kúvati |
| fritar (vt) | пржити (пг) | pŕžiti |
| aquecer (vt) | подгревати (пг) | podgrévati |

| salgar (vt) | солити (пг) | sóliti |
| apimentar (vt) | биберити (пг) | bíberiti |
| ralar (vt) | рендати (пг) | réndati |
| casca (f) | кора (ж) | kóra |
| descascar (vt) | љуштити (пг) | ljúštiti |

## 52. Comida

| carne (f) | месо (с) | méso |
| galinha (f) | пилетина, кокош (ж) | píletina, kokoš |
| frango (m) | пиле (с) | píle |
| pato (m) | патка (ж) | pátka |
| ganso (m) | гуска (ж) | gúska |
| caça (f) | дивљач (ж) | dívljač |
| peru (m) | ћуретина (ж) | ćurétina |

| carne (f) de porco | свињетина (ж) | svínjetina |
| carne (f) de vitela | телетина (ж) | téletina |
| carne (f) de carneiro | јагњетина (ж) | jágnjetina |
| carne (f) de vaca | говедина (ж) | góvedina |
| carne (f) de coelho | зец (м) | zec |

| linguiça (f), salsichão (m) | кобасица (ж) | kobásica |
| salsicha (f) | виршла (ж) | víršla |
| bacon (m) | сланина (ж) | slánina |
| presunto (m) | шунка (ж) | šúnka |
| pernil (m) de porco | шунка (ж) | šúnka |
| patê (m) | паштета (ж) | paštéta |
| fígado (m) | џигерица (ж) | džígerica |

| | | |
|---|---|---|
| guisado (m) | млевено месо (c) | mléveno méso |
| língua (f) | језик (м) | jézik |
| | | |
| ovo (m) | jaje (c) | jáje |
| ovos (m pl) | jaja (мн) | jája |
| clara (f) de ovo | беланце (c) | belánce |
| gema (f) de ovo | жуманце (c) | žumánce |
| | | |
| peixe (m) | риба (ж) | ríba |
| mariscos (m pl) | морски плодови (мн) | mórski plódovi |
| crustáceos (m pl) | ракови (мн) | rákovi |
| caviar (m) | кавијар (м) | kávijar |
| | | |
| caranguejo (m) | краба (ж) | krába |
| camarão (m) | шкамп (м) | škamp |
| ostra (f) | острига (ж) | óstriga |
| lagosta (f) | јастог (м) | jástog |
| polvo (m) | хоботница (ж) | hóbotnica |
| lula (f) | лигња (ж) | lígnja |
| | | |
| esturjão (m) | јесетра (ж) | jésetra |
| salmão (m) | лосос (м) | lósos |
| halibute (m) | пацифички лист (м) | pacífički list |
| | | |
| bacalhau (m) | бакалар (м) | bakálar |
| cavala, sarda (f) | скуша (ж) | skúša |
| atum (m) | туњевина (ж) | túnjevina |
| enguia (f) | јегуља (ж) | jégulja |
| | | |
| truta (f) | пастрмка (ж) | pástrmka |
| sardinha (f) | сардина (ж) | sardína |
| lúcio (m) | штука (ж) | štúka |
| arenque (m) | харинга (ж) | háringa |
| | | |
| pão (m) | хлеб (м) | hleb |
| queijo (m) | сир (м) | sir |
| açúcar (m) | шећер (м) | šéćer |
| sal (m) | со (ж) | so |
| | | |
| arroz (m) | пиринач (м) | pírinač |
| massas (f pl) | макарони (мн) | mákaroni |
| talharim, miojo (m) | резанци (мн) | rezánci |
| | | |
| manteiga (f) | маслац (м) | máslac |
| óleo (m) vegetal | зејтин (м) | zéjtin |
| óleo (m) de girassol | сунцокретово уље (c) | súncokretovo úlje |
| margarina (f) | маргарин (м) | margárin |
| | | |
| azeitonas (f pl) | маслине (мн) | másline |
| azeite (m) | маслиново уље (c) | máslinovo úlje |
| | | |
| leite (m) | млеко (c) | mléko |
| leite (m) condensado | кондензовано млеко (c) | kondenzóvano mléko |
| iogurte (m) | јогурт (м) | jógurt |
| creme (m) azedo | кисела павлака (ж) | kísela pávlaka |
| creme (m) de leite | павлака (ж) | pávlaka |

| | | |
|---|---|---|
| maionese (f) | мајонез (м), мајонеза (ж) | majonéz, majonéza |
| creme (m) | крем (м) | krem |
| | | |
| grãos (m pl) de cereais | житарице (мн) | žitárice |
| farinha (f) | брашно (с) | brášno |
| enlatados (m pl) | конзерве (мн) | konzérve |
| | | |
| flocos (m pl) de milho | кукурузне пахуљице (мн) | kukúruzne pahúljice |
| mel (m) | мед (м) | med |
| geleia (m) | џем (м), мармелада (ж) | džem, marmeláda |
| chiclete (m) | гума (ж) за жвакање | gúma za žvákanje |

## 53. Bebidas

| | | |
|---|---|---|
| água (f) | вода (ж) | vóda |
| água (f) potável | питка вода (ж) | pítka vóda |
| água (f) mineral | кисела вода (ж) | kísela vóda |
| | | |
| sem gás (adj) | негазиран | negazíran |
| gaseificada (adj) | газиран | gazíran |
| com gás | газиран | gazíran |
| gelo (m) | лед (м) | led |
| com gelo | са ледом | sa lédom |
| | | |
| não alcoólico (adj) | безалкохолан | bézalkoholan |
| refrigerante (m) | безалкохолно пиће (с) | bézalkoholno píće |
| refresco (m) | освежавајући напитак (м) | osvežávajući nápitak |
| limonada (f) | лимунада (ж) | limunáda |
| | | |
| bebidas (f pl) alcoólicas | алкохолна пића (мн) | álkoholna píća |
| vinho (m) | вино (с) | víno |
| vinho (m) branco | бело вино (с) | bélo víno |
| vinho (m) tinto | црно вино (с) | cŕno víno |
| | | |
| licor (m) | ликер (м) | líker |
| champanhe (m) | шампањац (м) | šampánjac |
| vermute (m) | вермут (м) | vérmut |
| | | |
| uísque (m) | виски (м) | víski |
| vodca (f) | вотка (ж) | vótka |
| gim (m) | џин (м) | džin |
| conhaque (m) | коњак (м) | kónjak |
| rum (m) | рум (м) | rum |
| | | |
| café (m) | кафа (ж) | káfa |
| café (m) preto | црна кафа (ж) | cŕna káfa |
| café (m) com leite | кафа (ж) са млеком | káfa sa mlékom |
| cappuccino (m) | капучино (м) | kapučíno |
| café (m) solúvel | инстант кафа (ж) | ínstant káfa |
| | | |
| leite (m) | млеко (с) | mléko |
| coquetel (m) | коктел (м) | kóktel |
| batida (f), milkshake (m) | милкшејк (м) | mílkšejk |
| suco (m) | сок (м) | sok |

| suco (m) de tomate | сок (м) од парадајза | sok od parádajza |
| suco (m) de laranja | сок (м) од наранџе | sok od nárandže |
| suco (m) fresco | свеже цеђени сок (м) | svéže céđeni sok |

| cerveja (f) | пиво (с) | pívo |
| cerveja (f) clara | светло пиво (с) | svétlo pívo |
| cerveja (f) preta | тамно пиво (с) | támno pívo |

| chá (m) | чај (м) | čaj |
| chá (m) preto | црни чај (м) | cŕni čaj |
| chá (m) verde | зелени чај (м) | zéleni čaj |

## 54. Vegetais

| vegetais (m pl) | поврће (с) | póvrće |
| verdura (f) | зелен (ж) | zélen |

| tomate (m) | парадајз (м) | parádajz |
| pepino (m) | краставац (м) | krástavac |
| cenoura (f) | шаргарепа (ж) | šargarépa |
| batata (f) | кромпир (м) | krómpir |
| cebola (f) | црни лук (м) | cŕni luk |
| alho (m) | бели лук (м) | béli luk |

| couve (f) | купус (м) | kúpus |
| couve-flor (f) | карфиол (м) | karfíol |

| couve-de-bruxelas (f) | прокељ (м) | prókelj |
| brócolis (m pl) | брокуле (мн) | brókule |

| beterraba (f) | цвекла (ж) | cvékla |
| berinjela (f) | патлиџан (м) | patlidžán |
| abobrinha (f) | тиквица (ж) | tíkvica |

| abóbora (f) | тиква (ж) | tíkva |
| nabo (m) | репа (ж) | répa |

| salsa (f) | першун (м) | péršun |
| endro, aneto (m) | мирођија (ж) | miróđija |
| alface (f) | зелена салата (ж) | zélena saláta |
| aipo (m) | целер (м) | céler |

| aspargo (m) | шпаргла (ж) | špárgla |
| espinafre (m) | спанаћ (м) | spánać |

| ervilha (f) | грашак (м) | grášak |
| feijão (~ soja, etc.) | махунарке (мн) | mahúnarke |

| milho (m) | кукуруз (м) | kukúruz |
| feijão (m) roxo | пасуљ (м) | pásulj |

| pimentão (m) | паприка (ж) | páprika |
| rabanete (m) | ротквица (ж) | rótkvica |
| alcachofra (f) | артичока (ж) | artičóka |

## 55. Frutos. Nozes

| | | |
|---|---|---|
| fruta (f) | воће (c) | vóće |
| maçã (f) | јабука (ж) | jábuka |
| pera (f) | крушка (ж) | krúška |
| limão (m) | лимун (м) | límun |
| laranja (f) | наранџа (ж) | nárandža |
| morango (m) | јагода (ж) | jágoda |
| | | |
| tangerina (f) | мандарина (ж) | mandarína |
| ameixa (f) | шљива (ж) | šljíva |
| pêssego (m) | бресква (ж) | bréskva |
| damasco (m) | кајсија (ж) | kájsija |
| framboesa (f) | малина (ж) | málina |
| abacaxi (m) | ананас (м) | ánanas |
| | | |
| banana (f) | банана (ж) | banána |
| melancia (f) | лубеница (ж) | lubénica |
| uva (f) | грожђе (c) | gróžđe |
| ginja (f) | вишња (ж) | víšnja |
| cereja (f) | трешња (ж) | tréšnja |
| melão (m) | диња (ж) | dínja |
| | | |
| toranja (f) | грејпфрут (м) | gréjpfrut |
| abacate (m) | авокадо (м) | avokádo |
| mamão (m) | папаја (ж) | papája |
| manga (f) | манго (м) | mángo |
| romã (f) | нар (м) | nar |
| | | |
| groselha (f) vermelha | црвена рибизла (ж) | crvéna ríbizla |
| groselha (f) negra | црна рибизла (ж) | cŕna ríbizla |
| groselha (f) espinhosa | огрозд (м) | ógrozd |
| mirtilo (m) | боровница (ж) | boróvnica |
| amora (f) silvestre | купина (ж) | kupína |
| | | |
| passa (f) | суво грожђе (c) | súvo gróžđe |
| figo (m) | смоква (ж) | smókva |
| tâmara (f) | урма (ж) | úrma |
| | | |
| amendoim (m) | кикирики (м) | kikiríki |
| amêndoa (f) | бадем (м) | bádem |
| noz (f) | орах (м) | órah |
| avelã (f) | лешник (м) | léšnik |
| coco (m) | кокосов орах (м) | kókosov órah |
| pistaches (m pl) | пистаћи (мн) | pistáći |

## 56. Pão. Bolaria

| | | |
|---|---|---|
| pastelaria (f) | посластице (мн) | póslastice |
| pão (m) | хлеб (м) | hleb |
| biscoito (m), bolacha (f) | колачић (м) | koláčić |
| chocolate (m) | чоколада (ж) | čokoláda |
| de chocolate | чоколадни | čókoladni |

| | | |
|---|---|---|
| bala (f) | бомбона (ж) | bombóna |
| doce (bolo pequeno) | колач (м) | kólač |
| bolo (m) de aniversário | торта (ж) | tórta |

| | | |
|---|---|---|
| torta (f) | пита (ж) | píta |
| recheio (m) | надев (м) | nádev |

| | | |
|---|---|---|
| geleia (m) | слатко (с) | slátko |
| marmelada (f) | мармелада (ж) | marmeláda |
| wafers (m pl) | облатне (мн) | óblatne |
| sorvete (m) | сладолед (м) | sládoled |
| pudim (m) | пудинг (м) | púding |

## 57. Especiarias

| | | |
|---|---|---|
| sal (m) | со (ж) | so |
| salgado (adj) | слан | slan |
| salgar (vt) | солити (пғ) | sóliti |

| | | |
|---|---|---|
| pimenta-do-reino (f) | црни бибер (м) | cŕni bíber |
| pimenta (f) vermelha | црвени бибер (м) | cŕveni bíber |
| mostarda (f) | сенф (м) | senf |
| raiz-forte (f) | рен, хрен (м) | ren, hren |

| | | |
|---|---|---|
| condimento (m) | зачин (м) | záčin |
| especiaria (f) | зачин (м) | záčin |
| molho (~ inglês) | сос (м) | sos |
| vinagre (m) | сирће (с) | sírće |

| | | |
|---|---|---|
| anis estrelado (m) | анис (м) | ánis |
| manjericão (m) | босиљак (м) | bósiljak |
| cravo (m) | каранфил (м) | karánfil |
| gengibre (m) | ђумбир (м) | đúmbir |
| coentro (m) | коријандер (м) | korijánder |
| canela (f) | цимет (м) | címet |

| | | |
|---|---|---|
| gergelim (m) | сусам (м) | súsam |
| folha (f) de louro | ловор (м) | lóvor |
| páprica (f) | паприка (ж) | páprika |
| cominho (m) | ким (м) | kim |
| açafrão (m) | шафран (м) | šáfran |

# INFORMAÇÃO PESSOAL. FAMÍLIA

## 58. Informação pessoal. Formulários

| | | |
|---|---|---|
| nome (m) | име (c) | íme |
| sobrenome (m) | презиме (c) | prézime |
| data (f) de nascimento | датум (м) рођења | dátum rođénja |
| local (m) de nascimento | место (c) рођења | mésto rođénja |
| | | |
| nacionalidade (f) | националност (ж) | nacionálnost |
| lugar (m) de residência | пребивалиште (c) | prébivalište |
| país (m) | земља (ж) | zémlja |
| profissão (f) | професија (ж) | profésija |
| | | |
| sexo (m) | пол (м) | pol |
| estatura (f) | раст (м) | rast |
| peso (m) | тежина (ж) | težína |

## 59. Membros da família. Parentes

| | | |
|---|---|---|
| mãe (f) | мајка (ж) | májka |
| pai (m) | отац (м) | ótac |
| filho (m) | син (м) | sin |
| filha (f) | кћи (ж) | kći |
| | | |
| caçula (f) | млађа кћи (ж) | mláđa kći |
| caçula (m) | млађи син (м) | mláđi sin |
| filha (f) mais velha | најстарија кћи (ж) | nájstarija kći |
| filho (m) mais velho | најстарији син (м) | nájstariji sin |
| | | |
| irmão (m) | брат (м) | brat |
| irmão (m) mais velho | старији брат (м) | stáriji brat |
| irmão (m) mais novo | млађи брат (м) | mláđi brat |
| irmã (f) | сестра (ж) | séstra |
| irmã (f) mais velha | старија сестра (ж) | stárija séstra |
| irmã (f) mais nova | млађа сестра (ж) | mláđa séstra |
| | | |
| primo (m) | рођак (м) | róđak |
| prima (f) | рођака (ж) | róđaka |
| mamãe (f) | мама (ж) | máma |
| papai (m) | тата (м) | táta |
| pais (pl) | родитељи (мн) | róditelji |
| criança (f) | дете (c) | déte |
| crianças (f pl) | деца (мн) | déca |
| | | |
| avó (f) | бака (ж) | báka |
| avô (m) | деда (м) | déda |
| neto (m) | унук (м) | únuk |

| | | |
|---|---|---|
| neta (f) | унука (ж) | únuka |
| netos (pl) | унуци (мн) | únuci |
| | | |
| tio (m) | ујак, стриц (м) | újak, stric |
| tia (f) | ујна, стрина (ж) | újna, strína |
| sobrinho (m) | нећак, сестрић (м) | nećak, séstrić |
| sobrinha (f) | нећакиња, сестричина (ж) | nećakinja, séstričina |
| | | |
| sogra (f) | ташта (ж) | tášta |
| sogro (m) | свекар (м) | svékar |
| genro (m) | зет (м) | zet |
| madrasta (f) | маћеха (ж) | máćeha |
| padrasto (m) | очух (м) | óčuh |
| | | |
| criança (f) de colo | беба (ж) | béba |
| bebê (m) | беба (ж) | béba |
| menino (m) | мало дете (с), беба (ж) | málo déte, béba |
| | | |
| mulher (f) | жена (ж) | žéna |
| marido (m) | муж (м) | muž |
| esposo (m) | супруг (м) | súprug |
| esposa (f) | супруга (ж) | súpruga |
| | | |
| casado (adj) | ожењен | óženjen |
| casada (adj) | удата | údata |
| solteiro (adj) | неожењен | neóženjen |
| solteirão (m) | нежења (м) | néženja |
| divorciado (adj) | разведен | razvéden |
| viúva (f) | удовица (ж) | udóvica |
| viúvo (m) | удовац (м) | údovac |
| | | |
| parente (m) | рођак (м) | róđak |
| parente (m) próximo | блиски рођак (м) | blíski róđak |
| parente (m) distante | даљи рођак (м) | dálji róđak |
| parentes (m pl) | рођаци (мн) | róđaci |
| | | |
| órfão (m), órfã (f) | сироче (с) | siróče |
| tutor (m) | старатељ (м) | stáratelj |
| adotar (um filho) | усвојити (пг) | usvójiti |
| adotar (uma filha) | усвојити (пг) | usvójiti |

## 60. Amigos. Colegas de trabalho

| | | |
|---|---|---|
| amigo (m) | пријатељ (м) | príjatelj |
| amiga (f) | пријатељица (ж) | prijatéljica |
| amizade (f) | пријатељство (с) | prijatéljstvo |
| ser amigos | дружити се | drúžiti se |
| | | |
| amigo (m) | пријатељ (м) | príjatelj |
| amiga (f) | пријатељица (ж) | prijatéljica |
| parceiro (m) | партнер (м) | pártner |
| | | |
| chefe (m) | шеф (м) | šef |
| superior (m) | начелник (м) | náčelnik |

| proprietário (m) | власник (м) | vlásnik |
| subordinado (m) | потчињени (м) | pótčinjeni |
| colega (m, f) | колега (м) | koléga |

| conhecido (m) | познаник (м) | póznanik |
| companheiro (m) de viagem | сапутник (м) | sáputnik |
| colega (m) de classe | школски друг (м) | škólski drug |

| vizinho (m) | комшија (м) | kómšija |
| vizinha (f) | комшиница (ж) | kómšinica |
| vizinhos (pl) | комшије (мн) | kómšije |

# CORPO HUMANO. MEDICINA

## 61. Cabeça

| | | |
|---|---|---|
| cabeça (f) | глава (ж) | gláva |
| rosto, cara (f) | лице (c) | líce |
| nariz (m) | нос (м) | nos |
| boca (f) | уста (мн) | ústa |
| | | |
| olho (m) | око (c) | óko |
| olhos (m pl) | очи (мн) | óči |
| pupila (f) | зеница (ж) | zénica |
| sobrancelha (f) | обрва (ж) | óbrva |
| cílio (f) | трепавица (ж) | trépavica |
| pálpebra (f) | капак (м), веђа (ж) | kápak, véđa |
| | | |
| língua (f) | језик (м) | jézik |
| dente (m) | зуб (м) | zub |
| lábios (m pl) | усне (мн) | úsne |
| maçãs (f pl) do rosto | јагодице (мн) | jágodice |
| gengiva (f) | десни (мн) | désni |
| palato (m) | непце (c) | népce |
| | | |
| narinas (f pl) | ноздрве (мн) | nózdrve |
| queixo (m) | брада (ж) | bráda |
| mandíbula (f) | вилица (ж) | vílica |
| bochecha (f) | образ (м) | óbraz |
| | | |
| testa (f) | чело (c) | čélo |
| têmpora (f) | слепоочница (ж) | slepoóčnica |
| orelha (f) | ухо (c) | úho |
| costas (f pl) da cabeça | потиљак (м) | pótiljak |
| pescoço (m) | врат (м) | vrat |
| garganta (f) | грло (c) | gŕlo |
| | | |
| cabelo (m) | коса (ж) | kósa |
| penteado (m) | фризура (ж) | frizúra |
| corte (m) de cabelo | фризура (ж) | frizúra |
| peruca (f) | перика (ж) | périka |
| | | |
| bigode (m) | бркови (мн) | bŕkovi |
| barba (f) | брада (ж) | bráda |
| ter (~ barba, etc.) | носити (пг) | nósiti |
| trança (f) | плетеница (ж) | pleténica |
| suíças (f pl) | зулуфи (мн) | zulúfi |
| | | |
| ruivo (adj) | риђ | riđ |
| grisalho (adj) | сед | sed |
| careca (adj) | ћелав | ćélav |
| calva (f) | ћела (ж) | ćéla |

| | | |
|---|---|---|
| rabo-de-cavalo (m) | реп (м) | rep |
| franja (f) | шишке (мн) | šíške |

## 62. Corpo humano

| | | |
|---|---|---|
| mão (f) | шака (ж) | šáka |
| braço (m) | рука (ж) | rúka |

| | | |
|---|---|---|
| dedo (m) | прст (м) | pŕst |
| dedo (m) do pé | ножни прст (м) | nóžni pŕst |
| polegar (m) | палац (м) | pálac |
| dedo (m) mindinho | мали прст (м) | máli pŕst |
| unha (f) | нокат (м) | nókat |

| | | |
|---|---|---|
| punho (m) | песница (ж) | pésnica |
| palma (f) | длан (м) | dlan |
| pulso (m) | зглоб (м), запешће (с) | zglob, zápešće |
| antebraço (m) | подлактица (ж) | pódlaktica |
| cotovelo (m) | лакат (м) | lákat |
| ombro (m) | раме (с) | ráme |

| | | |
|---|---|---|
| perna (f) | нога (ж) | nóga |
| pé (m) | стопало (с) | stópalo |
| joelho (m) | колено (с) | kóleno |
| panturrilha (f) | лист (м) | list |
| quadril (m) | кук (м) | kuk |
| calcanhar (m) | пета (ж) | péta |

| | | |
|---|---|---|
| corpo (m) | тело (с) | télo |
| barriga (f), ventre (m) | трбух (м) | tŕbuh |
| peito (m) | прса (мн) | pŕsa |
| seio (m) | груди (мн) | grúdi |
| lado (m) | бок (м) | bok |
| costas (dorso) | леђа (мн) | léđa |
| região (f) lombar | крста (ж) | kŕsta |
| cintura (f) | струк (м) | struk |

| | | |
|---|---|---|
| umbigo (m) | пупак (м) | púpak |
| nádegas (f pl) | стражњица (ж) | strážnjica |
| traseiro (m) | задњица (ж) | zádnjica |

| | | |
|---|---|---|
| sinal (m), pinta (f) | младеж (м) | mládež |
| sinal (m) de nascença | белег, младеж (м) | béleg, mládež |
| tatuagem (f) | тетоважа (ж) | tetováža |
| cicatriz (f) | ожиљак (м) | óžiljak |

## 63. Doenças

| | | |
|---|---|---|
| doença (f) | болест (ж) | bólest |
| estar doente | боловати (нг) | bolóvati |
| saúde (f) | здравље (с) | zdrávlje |
| nariz (m) escorrendo | кијавица (ж) | kíjavica |

| | | |
|---|---|---|
| amigdalite (f) | ангина (ж) | angína |
| resfriado (m) | прехлада (ж) | préhlada |
| ficar resfriado | прехладити се | prehláditi se |
| bronquite (f) | бронхитис (м) | bronhítis |
| pneumonia (f) | упала (ж) плућа | úpala plúća |
| gripe (f) | грип (м) | grip |
| míope (adj) | кратковид | kratkóvid |
| presbita (adj) | далековид | dalekóvid |
| estrabismo (m) | разрокост (ж) | rázrokost |
| estrábico, vesgo (adj) | разрок | rázrok |
| catarata (f) | катаракта (ж) | katarákta |
| glaucoma (m) | глауком (м) | gláukom |
| AVC (m), apoplexia (f) | мождани удар (м) | móždani údar |
| ataque (m) cardíaco | инфаркт (м) | ínfarkt |
| enfarte (m) do miocárdio | инфаркт (м) миокарда | ínfarkt míokarda |
| paralisia (f) | парализа (ж) | paralíza |
| paralisar (vt) | парализовати (пг) | parálizovati |
| alergia (f) | алергија (ж) | alérgija |
| asma (f) | астма (ж) | ástma |
| diabetes (f) | дијабетес (м) | dijabétes |
| dor (f) de dente | зубобоља (ж) | zubóbolja |
| cárie (f) | каријес (м) | kárijes |
| diarreia (f) | дијареја (ж), пролив (м) | dijaréja, próliv |
| prisão (f) de ventre | затвор (м) | zátvor |
| desarranjo (m) intestinal | лоша пробава (ж) | lóša próbava |
| intoxicação (f) alimentar | тровање (с) | tróvanje |
| intoxicar-se | отровати се | otróvati se |
| artrite (f) | артритис (м) | artrítis |
| raquitismo (m) | рахитис (м) | rahítis |
| reumatismo (m) | реуматизам (м) | reumatízam |
| arteriosclerose (f) | атеросклероза (ж) | aterosakleróza |
| gastrite (f) | гастритис (м) | gastrítis |
| apendicite (f) | апендицитис (м) | apendicítis |
| colecistite (f) | холециститис (м) | holecístitis |
| úlcera (f) | чир (м) | čir |
| sarampo (m) | мале богиње (мн) | mále bóginje |
| rubéola (f) | рубеола (ж) | rubéola |
| icterícia (f) | жутица (ж) | žútica |
| hepatite (f) | хепатитис (м) | hepatítis |
| esquizofrenia (f) | шизофренија (ж) | šizofrénija |
| raiva (f) | беснило (с) | bésnilo |
| neurose (f) | неуроза (ж) | neuróza |
| contusão (f) cerebral | потрес (м) мозга | pótres mózga |
| câncer (m) | рак (м) | rak |
| esclerose (f) | склероза (ж) | skleróza |

| | | |
|---|---|---|
| esclerose (f) múltipla | мултипла склероза (ж) | múltipla skleróza |
| alcoolismo (m) | алкохолизам (м) | alkoholízam |
| alcoólico (m) | алкохоличар (м) | alkohóličar |
| sífilis (f) | сифилис (м) | sífilis |
| AIDS (f) | Сида (ж) | Sída |
| | | |
| tumor (m) | тумор (м) | túmor |
| maligno (adj) | малигни, злоћудан | máligni, zlóćudan |
| benigno (adj) | доброћудан | dóbroćudan |
| | | |
| febre (f) | грозница (ж) | gróznica |
| malária (f) | маларија (ж) | málarija |
| gangrena (f) | гангрена (ж) | gangréna |
| enjoo (m) | морска болест (ж) | mórska bólest |
| epilepsia (f) | епилепсија (ж) | epilépsija |
| | | |
| epidemia (f) | епидемија (ж) | epidémija |
| tifo (m) | тифус (м) | tífus |
| tuberculose (f) | туберкулоза (ж) | tuberkulóza |
| cólera (f) | колера (ж) | koléra |
| peste (f) bubônica | куга (ж) | kúga |

## 64. Sintomas. Tratamentos. Parte 1

| | | |
|---|---|---|
| sintoma (m) | симптом (м) | símptom |
| temperatura (f) | температура (ж) | temperatúra |
| febre (f) | висока температура (ж) | vísoka temperatúra |
| pulso (m) | пулс (м) | puls |
| | | |
| vertigem (f) | вртоглавица (ж) | vrtóglavica |
| quente (testa, etc.) | врућ | vruć |
| calafrio (m) | језа (ж) | jéza |
| pálido (adj) | блед | bled |
| | | |
| tosse (f) | кашаљ (м) | kášalj |
| tossir (vi) | кашљати (нг) | kášljati |
| espirrar (vi) | кијати (нг) | kíjati |
| desmaio (m) | несвестица (ж) | nésvestica |
| desmaiar (vi) | онесвестити се | onesvéstiti se |
| | | |
| mancha (f) preta | модрица (ж) | módrica |
| galo (m) | чворуга (ж) | čvóruga |
| machucar-se (vr) | ударити се | údariti se |
| contusão (f) | озледа (ж) | ózleda |
| machucar-se (vr) | озледити се | ozléditi se |
| | | |
| mancar (vi) | храмати (нг) | hrámati |
| deslocamento (f) | ишчашење (с) | iščašénje |
| deslocar (vt) | ишчашити (пг) | íščašiti |
| fratura (f) | прелом (м) | prélom |
| fraturar (vt) | задобити прелом | zadóbiti prélom |
| | | |
| corte (m) | посекотина (ж) | posekótina |
| cortar-se (vr) | порезати се | pórezati se |

| | | |
|---|---|---|
| hemorragia (f) | крварење (c) | krvárenje |
| queimadura (f) | опекотина (ж) | opekótina |
| queimar-se (vr) | опећи се | ópeći se |
| | | |
| picar (vt) | убости (пг) | úbosti |
| picar-se (vr) | убости се | úbosti se |
| lesionar (vt) | повредити (пг) | povréditi |
| lesão (m) | повреда (ж) | póvreda |
| ferida (f), ferimento (m) | рана (ж) | rána |
| trauma (m) | траума (ж) | tráuma |
| | | |
| delirar (vi) | бунцати (нг) | búncati |
| gaguejar (vi) | муцати (нг) | múcati |
| insolação (f) | сунчаница (ж) | súnčanica |

## 65. Sintomas. Tratamentos. Parte 2

| | | |
|---|---|---|
| dor (f) | бол (ж) | bol |
| farpa (no dedo, etc.) | трн (м) | trn |
| | | |
| suor (m) | зној (м) | znoj |
| suar (vi) | знојити се | znójiti se |
| vômito (m) | повраћање (c) | póvraćanje |
| convulsões (f pl) | грчеви (мн) | gŕčevi |
| | | |
| grávida (adj) | трудна | trúdna |
| nascer (vi) | родити се | róditi se |
| parto (m) | порођај (м) | pórođaj |
| dar à luz | рађати (пг) | ráđati |
| aborto (m) | абортус, побачај (м) | abórtus, póbačaj |
| | | |
| respiração (f) | дисање (c) | dísanje |
| inspiração (f) | удисај (м) | údisaj |
| expiração (f) | издах (м) | ízdah |
| expirar (vi) | издахнути (нг) | izdáhnuti |
| inspirar (vi) | удисати (нг) | údisati |
| | | |
| inválido (m) | инвалид (м) | inválid |
| aleijado (m) | богаљ (м) | bógalj |
| drogado (m) | наркоман (м) | nárkoman |
| | | |
| surdo (adj) | глув | gluv |
| mudo (adj) | нем | nem |
| surdo-mudo (adj) | глувонем | glúvonem |
| | | |
| louco, insano (adj) | луд | lud |
| louco (m) | лудак (м) | lúdak |
| louca (f) | луда (ж) | lúda |
| ficar louco | полудети (нг) | polúdeti |
| | | |
| gene (m) | ген (м) | gen |
| imunidade (f) | имунитет (м) | imunítet |
| hereditário (adj) | наследни | následni |
| congênito (adj) | урођен | úrođen |

| | | |
|---|---|---|
| vírus (m) | вирус (м) | vírus |
| micróbio (m) | микроб (м) | míkrob |
| bactéria (f) | бактерија (ж) | baktérija |
| infecção (f) | инфекција (ж) | infékcija |

## 66. Sintomas. Tratamentos. Parte 3

| | | |
|---|---|---|
| hospital (m) | болница (ж) | bólnica |
| paciente (m) | пацијент (м) | pacíjent |
| diagnóstico (m) | дијагноза (ж) | dijagnóza |
| cura (f) | лечење (с) | léčenje |
| tratamento (m) médico | медицински третман (м) | médicinski trétman |
| curar-se (vr) | лечити се | léčiti se |
| tratar (vt) | лечити (пг) | léčiti |
| cuidar (pessoa) | неговати (пг) | négovati |
| cuidado (m) | нега (ж) | néga |
| operação (f) | операција (ж) | operácija |
| enfaixar (vt) | превити (пг) | préviti |
| enfaixamento (m) | превијање (с) | prevíjanje |
| vacinação (f) | вакцинација (ж) | vakcinácija |
| vacinar (vt) | вакцинисати (пг) | vakcinísati |
| injeção (f) | инјекција (ж) | injékcija |
| dar uma injeção | давати инјекцију | dávati injékciju |
| ataque (~ de asma, etc.) | напад (м) | nápad |
| amputação (f) | ампутација (ж) | amputácija |
| amputar (vt) | ампутирати (пг) | amputírati |
| coma (f) | кома (ж) | kóma |
| estar em coma | бити у коми | bíti u kómi |
| reanimação (f) | реанимација (ж) | reanimácija |
| recuperar-se (vr) | оздрављати (нг) | ódzdravljati |
| estado (~ de saúde) | стање (с) | stánje |
| consciência (perder a ~) | свест (ж) | svest |
| memória (f) | памћење (с) | pámćenje |
| tirar (vt) | вадити (пг) | váditi |
| obturação (f) | пломба (ж) | plómba |
| obturar (vt) | пломбирати (пг) | plombírati |
| hipnose (f) | хипноза (ж) | hipnóza |
| hipnotizar (vt) | хипнотизирати (пг) | hipnotizírati |

## 67. Medicina. Drogas. Acessórios

| | | |
|---|---|---|
| medicamento (m) | лек (м) | lek |
| remédio (m) | средство (с) | srédstvo |
| receitar (vt) | преписивати (пг) | prepisívati |
| receita (f) | рецепт (м) | récept |

| | | |
|---|---|---|
| comprimido (m) | таблета (ж) | tabléta |
| unguento (m) | маст (ж) | mast |
| ampola (f) | ампула (ж) | ámpula |
| solução, preparado (m) | микстура (ж) | mikstúra |
| xarope (m) | сируп (м) | sírup |
| cápsula (f) | пилула (ж) | pílula |
| pó (m) | прашак (м) | prášak |
| | | |
| atadura (f) | завоj (м) | závoj |
| algodão (m) | вата (ж) | váta |
| iodo (m) | jод (м) | jod |
| | | |
| curativo (m) adesivo | фластер (м) | fláster |
| conta-gotas (m) | пипета (ж) | pipéta |
| termômetro (m) | термометар (м) | térmometar |
| seringa (f) | шприц (м) | špric |
| | | |
| cadeira (f) de rodas | инвалидска колица (мн) | inválidska kolíca |
| muletas (f pl) | штаке (мн) | štáke |
| | | |
| analgésico (m) | аналгетик (м) | analgétik |
| laxante (m) | лаксатив (м) | láksativ |
| álcool (m) | алкохол (м) | álkohol |
| ervas (f pl) medicinais | лековито биље (с) | lékovito bílje |
| de ervas (chá ~) | биљни | bíljni |

# APARTAMENTO

## 68. Apartamento

| | | |
|---|---|---|
| apartamento (m) | стан (м) | stan |
| quarto, cômodo (m) | соба (ж) | sóba |
| quarto (m) de dormir | спаваћа соба (ж) | spávaća sóba |
| sala (f) de jantar | трпезарија (ж) | trpezárija |
| sala (f) de estar | дневна соба (ж) | dnévna sóba |
| escritório (m) | кабинет (м) | kabínet |
| | | |
| sala (f) de entrada | ходник (м) | hódnik |
| banheiro (m) | купатило (с) | kupátilo |
| lavabo (m) | тоалет (м) | toálet |
| | | |
| teto (m) | плафон (м) | pláfon |
| chão, piso (m) | под (м) | pod |
| canto (m) | угао, ћошак (м) | úgao, ćóšak |

## 69. Mobiliário. Interior

| | | |
|---|---|---|
| mobiliário (m) | намештај (м) | námeštaj |
| mesa (f) | сто (м) | sto |
| cadeira (f) | столица (ж) | stólica |
| cama (f) | кревет (м) | krévet |
| sofá, divã (m) | диван (м) | dívan |
| poltrona (f) | фотеља (ж) | fotélja |
| | | |
| estante (f) | орман (м) за књиге | órman za knjíge |
| prateleira (f) | полица (ж) | pólica |
| | | |
| guarda-roupas (m) | орман (м) | órman |
| cabide (m) de parede | вешалица (ж) | véšalica |
| cabideiro (m) de pé | чивилук (м) | číviluk |
| | | |
| cômoda (f) | комода (ж) | komóda |
| mesinha (f) de centro | столиц (м) за кафу | stólic za kafu |
| | | |
| espelho (m) | огледало (с) | oglédalo |
| tapete (m) | тепих (м) | tépih |
| tapete (m) pequeno | ћилимче (с) | ćilímče |
| | | |
| lareira (f) | камин (м) | kámin |
| vela (f) | свећа (ж) | svéća |
| castiçal (m) | свећњак (м) | svéćnjak |
| | | |
| cortinas (f pl) | завесе (мн) | závese |
| papel (m) de parede | тапете (мн) | tapéte |

| persianas (f pl) | ролетна (ж) | róletna |
| luminária (f) de mesa | стона лампа (ж) | stóna lámpa |
| luminária (f) de parede | зидна светиљка (ж) | zídna svétiljka |
| abajur (m) de pé | подна лампа (ж) | pódna lámpa |
| lustre (m) | лустер (м) | lúster |
| | | |
| pé (de mesa, etc.) | нога (ж) | nóga |
| braço, descanso (m) | наслон (м) за руку | náslon za rúku |
| costas (f pl) | наслон (м) | náslon |
| gaveta (f) | фиока (ж) | fióka |

## 70. Quarto de dormir

| roupa (f) de cama | постељина (ж) | posteljína |
| travesseiro (m) | јастук (м) | jástuk |
| fronha (f) | јастучница (ж) | jástučnica |
| cobertor (m) | јорган (м) | jórgan |
| lençol (m) | чаршав (м) | čáršav |
| colcha (f) | покривач (м) | pokrívač |

## 71. Cozinha

| cozinha (f) | кухиња (ж) | kúhinja |
| gás (m) | гас (м) | gas |
| fogão (m) a gás | плински шпорет (м) | plínski špóret |
| fogão (m) elétrico | електрични шпорет (м) | eléktrični šporet |
| forno (m) | рерна (ж) | rérna |
| forno (m) de micro-ondas | микроталасна рерна (ж) | mikrotálasna rérna |
| | | |
| geladeira (f) | фрижидер (м) | frížider |
| congelador (m) | замрзивач (м) | zamrzívač |
| máquina (f) de lavar louça | машина (ж) за прање судова | mašína za pránje súdova |
| | | |
| moedor (m) de carne | млин (м) за месо | mlin za méso |
| espremedor (m) | соковник (м) | sókovnik |
| torradeira (f) | тостер (м) | tóster |
| batedeira (f) | миксер (м) | míkser |
| | | |
| máquina (f) de café | апарат (м) за кафу | apárat za káfu |
| cafeteira (f) | лонче (с) за кафу | lónče za káfu |
| moedor (m) de café | млин (м) за кафу | mlin za káfu |
| | | |
| chaleira (f) | кувало, чајник (м) | kúvalo, čájnik |
| bule (m) | чајник (м) | čájnik |
| tampa (f) | поклопац (м) | póklopac |
| coador (m) de chá | цедиљка (ж) | cédiljka |
| | | |
| colher (f) | кашика (ж) | kášika |
| colher (f) de chá | кашичица (ж) | kášičica |
| colher (f) de sopa | супена кашика (ж) | súpena kášika |
| garfo (m) | виљушка (ж) | víljuška |

| faca (f) | нож (м) | nož |
| louça (f) | посуђе (с) | pósuđe |
| prato (m) | тањир (м) | tánjir |
| pires (m) | тацна (ж) | tácna |

| cálice (m) | чашица (ж) | čášica |
| copo (m) | чаша (ж) | čáša |
| xícara (f) | шоља (ж) | šólja |

| açucareiro (m) | шећерница (ж) | šéćernica |
| saleiro (m) | сланик (м) | slánik |
| pimenteiro (m) | биберница (ж) | bíbernica |
| manteigueira (f) | посуда (ж) за маслац | pósuda za máslac |

| panela (f) | шерпа (ж), лонац (м) | šerpa, lónac |
| frigideira (f) | тигањ (м) | tíganj |
| concha (f) | кутлача (ж) | kútlača |
| coador (m) | цедиљка (ж) | cédiljka |
| bandeja (f) | послужавник (м) | poslúžavnik |

| garrafa (f) | боца, флаша (ж) | bóca, fláša |
| pote (m) de vidro | тегла (ж) | tégla |
| lata (~ de cerveja) | лименка (ж) | límenka |

| abridor (m) de garrafa | отварач (м) | otvárač |
| abridor (m) de latas | отварач (м) | otvárač |
| saca-rolhas (m) | вадичеп (м) | vádičep |
| filtro (m) | филтар (м) | fíltar |
| filtrar (vt) | филтрирати (пг) | filtrírati |

| lixo (m) | смеће, ђубре (с) | smeće, đúbre |
| lixeira (f) | канта (ж) за ђубре | kánta za đúbre |

## 72. Casa de banho

| banheiro (m) | купатило (с) | kupátilo |
| água (f) | вода (ж) | vóda |
| torneira (f) | славина (ж) | slávina |
| água (f) quente | топла вода (ж) | tópla vóda |
| água (f) fria | хладна вода (ж) | hládna vóda |

| pasta (f) de dente | паста (ж) за зубе | pásta za zúbe |
| escovar os dentes | прати зубе | práti zúbe |
| escova (f) de dente | четкица (ж) за зубе | čétkica za zúbe |

| barbear-se (vr) | бријати се | bríjati se |
| espuma (f) de barbear | пена (ж) за бријање | péna za bríjanje |
| gilete (f) | бријач (м) | bríjač |

| lavar (vt) | прати (пг) | práti |
| tomar banho | купати се | kúpati se |
| chuveiro (m), ducha (f) | туш (м) | tuš |
| tomar uma ducha | туширати се | tušírati se |
| banheira (f) | када (ж) | káda |

| | | |
|---|---|---|
| vaso (m) sanitário | ВЦ шоља (ж) | VC šólja |
| pia (f) | лавабо (м) | lavábo |

| | | |
|---|---|---|
| sabonete (m) | сапун (м) | sápun |
| saboneteira (f) | кутија (ж) за сапун | kútija za sápun |

| | | |
|---|---|---|
| esponja (f) | сунђер (м) | súnđer |
| xampu (m) | шампон (м) | šámpon |
| toalha (f) | пешкир (м) | péškir |
| roupão (m) de banho | баде мантил (м) | báde mántil |

| | | |
|---|---|---|
| lavagem (f) | прање (с) | pránje |
| lavadora (f) de roupas | веш машина (ж) | veš mašína |
| lavar a roupa | прати веш | práti veš |
| detergente (m) | прашак (м) за веш | prášak za veš |

## 73. Eletrodomésticos

| | | |
|---|---|---|
| televisor (m) | телевизор (м) | televízor |
| gravador (m) | касетофон (м) | kasetofon |
| videogravador (m) | видео рекордер (м) | vídeo rekórder |
| rádio (m) | радио (м) | rádio |
| leitor (m) | плејер (м) | pléjer |

| | | |
|---|---|---|
| projetor (m) | видео пројектор (м) | vídeo projéktor |
| cinema (m) em casa | кућни биоскоп (м) | kúćni bíoskop |
| DVD Player (m) | ДВД плејер (м) | DVD plejer |
| amplificador (m) | појачало (с) | pojáčalo |
| console (f) de jogos | играћа конзола (ж) | ígraća konzóla |

| | | |
|---|---|---|
| câmera (f) de vídeo | видеокамера (ж) | vídeokámera |
| máquina (f) fotográfica | фотоапарат (м) | fotoapárat |
| câmera (f) digital | дигитални фотоапарат (м) | dígitalni fotoapárat |

| | | |
|---|---|---|
| aspirador (m) | усисивач (м) | usisívač |
| ferro (m) de passar | пегла (ж) | pégla |
| tábua (f) de passar | даска (ж) за пеглање | dáska za péglanje |

| | | |
|---|---|---|
| telefone (m) | телефон (м) | teléfon |
| celular (m) | мобилни телефон (м) | móbilni teléfon |
| máquina (f) de escrever | писаћа машина (ж) | písaća mašína |
| máquina (f) de costura | шиваћа машина (ж) | šívaća mašína |

| | | |
|---|---|---|
| microfone (m) | микрофон (м) | míkrofon |
| fone (m) de ouvido | слушалице (мн) | slúšalice |
| controle remoto (m) | даљински управљач (м) | daljínski uprávljač |

| | | |
|---|---|---|
| CD (m) | ЦД диск (м) | CD disk |
| fita (f) cassete | касета (ж) | kaséta |
| disco (m) de vinil | плоча (ж) | plóča |

# A TERRA. TEMPO

## 74. Espaço sideral

| | | |
|---|---|---|
| espaço, cosmo (m) | свемир (м) | svémir |
| espacial, cósmico (adj) | космички | kósmički |
| espaço (m) cósmico | свемирски простор (м) | svémirski próstor |
| mundo (m) | свет (м) | svet |
| universo (m) | универзум (м) | univérzum |
| galáxia (f) | галаксија (ж) | galáksija |
| | | |
| estrela (f) | звезда (ж) | zvézda |
| constelação (f) | сазвежђе (с) | sázvežđe |
| planeta (m) | планета (ж) | planéta |
| satélite (m) | сателит (м) | satélit |
| | | |
| meteorito (m) | метеорит (м) | meteórit |
| cometa (m) | комета (ж) | kométa |
| asteroide (m) | астероид (м) | asteróid |
| | | |
| órbita (f) | путања, орбита (ж) | pútanja, órbita |
| girar (vi) | окретати се | okrétati se |
| atmosfera (f) | атмосфера (ж) | atmosféra |
| | | |
| Sol (m) | Сунце (с) | Súnce |
| Sistema (m) Solar | Сунчев систем (м) | Súnčev sístem |
| eclipse (m) solar | Помрачење (с) Сунца | Pomračénje Súnca |
| | | |
| Terra (f) | Земља (ж) | Zémlja |
| Lua (f) | Месец (м) | Mésec |
| | | |
| Marte (m) | Марс (м) | Mars |
| Vênus (f) | Венера (ж) | Venéra |
| Júpiter (m) | Јупитер (м) | Júpiter |
| Saturno (m) | Сатурн (м) | Sáturn |
| | | |
| Mercúrio (m) | Меркур (м) | Mérkur |
| Urano (m) | Уран (м) | Uran |
| Netuno (m) | Нептун (м) | Néptun |
| Plutão (m) | Плутон (м) | Plúton |
| | | |
| Via Láctea (f) | Млечни пут (м) | Mléčni put |
| Ursa Maior (f) | Велики медвед (м) | Véliki médved |
| Estrela Polar (f) | Северњача (ж) | Sevérnjača |
| | | |
| marciano (m) | марсовац (м) | marsóvac |
| extraterrestre (m) | ванземаљац (м) | vanzemáljac |
| alienígena (m) | свемирац (м) | svemírac |
| disco (m) voador | летећи тањир (м) | léteći tánjir |
| espaçonave (f) | свемирски брод (м) | svémirski brod |

| | | |
|---|---|---|
| estação (f) orbital | орбитална станица (ж) | órbitalna stánica |
| lançamento (m) | лансирање (с) | lánsiranje |
| motor (m) | мотор (м) | mótor |
| bocal (m) | млазница (ж) | mláznica |
| combustível (m) | гориво (с) | górivo |
| | | |
| cabine (f) | кабина (ж) | kabína |
| antena (f) | антена (ж) | anténa |
| vigia (f) | бродски прозор (м) | bródski prózor |
| bateria (f) solar | соларни панел (м) | sólarni pánel |
| traje (m) espacial | скафандар (м) | skafándar |
| | | |
| imponderabilidade (f) | бестежинско стање (с) | béstežinsko stánje |
| oxigênio (m) | кисеоник (м) | kiseónik |
| acoplagem (f) | пристајање (с) | prístajanje |
| fazer uma acoplagem | спајати се (нг) | spájati se |
| | | |
| observatório (m) | опсерваторија (ж) | opservatórija |
| telescópio (m) | телескоп (м) | téleskop |
| observar (vt) | посматрати (нг) | posmátrati |
| explorar (vt) | истраживати (пг) | istražívati |

## 75. A Terra

| | | |
|---|---|---|
| Terra (f) | Земља (ж) | Zémlja |
| globo terrestre (Terra) | земљина кугла (ж) | zémljina kúgla |
| planeta (m) | планета (ж) | planéta |
| | | |
| atmosfera (f) | атмосфера (ж) | atmosféra |
| geografia (f) | географија (ж) | geográfija |
| natureza (f) | природа (ж) | príroda |
| | | |
| globo (mapa esférico) | глобус (м) | glóbus |
| mapa (m) | мапа (ж) | mápa |
| atlas (m) | атлас (м) | átlas |
| | | |
| Europa (f) | Европа (ж) | Evrópa |
| Ásia (f) | Азија (ж) | Ázija |
| África (f) | Африка (ж) | Áfrika |
| Austrália (f) | Аустралија (ж) | Austrálija |
| | | |
| América (f) | Америка (ж) | Amérika |
| América (f) do Norte | Северна Америка (ж) | Séverna Amérika |
| América (f) do Sul | Јужна Америка (ж) | Júžna Amérika |
| | | |
| Antártida (f) | Антарктик (м) | Antárktik |
| Ártico (m) | Арктик (м) | Árktik |

## 76. Pontos cardeais

| | | |
|---|---|---|
| norte (m) | север (м) | séver |
| para norte | према северу | préma séveru |

| | | |
|---|---|---|
| no norte | на северу | na séveru |
| do norte (adj) | северни | séverni |
| | | |
| sul (m) | југ (м) | jug |
| para sul | према југу | préma júgu |
| no sul | на југу | na júgu |
| do sul (adj) | јужни | júžni |
| | | |
| oeste, ocidente (m) | запад (м) | západ |
| para oeste | према западу | préma západu |
| no oeste | на западу | na západu |
| ocidental (adj) | западни | západni |
| | | |
| leste, oriente (m) | исток (м) | ístok |
| para leste | према истоку | préma ístoku |
| no leste | на истоку | na ístoku |
| oriental (adj) | источни | ístočni |

## 77. Mar. Oceano

| | | |
|---|---|---|
| mar (m) | море (c) | móre |
| oceano (m) | океан (м) | okéan |
| golfo (m) | залив (м) | záliv |
| estreito (m) | мореуз (м) | móreuz |
| | | |
| terra (f) firme | копно (c) | kópno |
| continente (m) | континент (м) | kontínent |
| ilha (f) | острво (c) | óstrvo |
| península (f) | полуострво (c) | poluóstrvo |
| arquipélago (m) | архипелаг (м) | arhipélag |
| | | |
| baía (f) | залив (м) | záliv |
| porto (m) | лука (ж) | lúka |
| lagoa (f) | лагуна (ж) | lagúna |
| cabo (m) | рт (м) | ŕt |
| | | |
| atol (m) | атол (м) | átol |
| recife (m) | гребен (м) | grében |
| coral (m) | корал (м) | kóral |
| recife (m) de coral | корал715 гребен (м) | kóralni grében |
| | | |
| profundo (adj) | дубок | dúbok |
| profundidade (f) | дубина (ж) | dubína |
| abismo (m) | бездан (м) | bézdan |
| fossa (f) oceânica | ров (м) | rov |
| | | |
| corrente (f) | струја (ж) | strúja |
| banhar (vt) | окруживати (пг) | okružívati |
| | | |
| litoral (m) | обала (ж) | óbala |
| costa (f) | обала (ж) | óbala |
| | | |
| maré (f) alta | плима (ж) | plíma |
| refluxo (m) | осека (ж) | óseka |

| restinga (f) | плићак (м) | plíćak |
| fundo (m) | дно (с) | dno |

| onda (f) | талас (м) | tálas |
| crista (f) da onda | гребен (м) таласа | grében talasá |
| espuma (f) | пена (ж) | péna |

| tempestade (f) | морска олуја (ж) | mórska olúja |
| furacão (m) | ураган (м) | úragan |
| tsunami (m) | цунами (м) | cunámi |
| calmaria (f) | безветрица (ж) | bézvetrica |
| calmo (adj) | миран | míran |

| polo (m) | пол (м) | pol |
| polar (adj) | поларни | pólarni |

| latitude (f) | ширина (ж) | širína |
| longitude (f) | дужина (ж) | dužína |
| paralela (f) | паралела (ж) | paraléla |
| equador (m) | екватор (м) | ékvator |

| céu (m) | небо (с) | nébo |
| horizonte (m) | хоризонт (м) | horízont |
| ar (m) | ваздух (м) | vázduh |

| farol (m) | светионик (м) | svetiónik |
| mergulhar (vi) | ронити (нг) | róniti |
| afundar-se (vr) | потонути (нг) | potónuti |
| tesouros (m pl) | благо (с) | blágo |

## 78. Nomes de Mares e Oceanos

| Oceano (m) Atlântico | Атлантски океан (м) | Átlantski okéan |
| Oceano (m) Índico | Индијски океан (м) | Índijski okéan |
| Oceano (m) Pacífico | Тихи океан (м) | Tíhi okéan |
| Oceano (m) Ártico | Северни Ледени океан (м) | Séverni Lédeni okéan |

| Mar (m) Negro | Црно море (с) | Cŕno móre |
| Mar (m) Vermelho | Црвено море (с) | Cŕveno móre |
| Mar (m) Amarelo | Жуто море (с) | Žúto móre |
| Mar (m) Branco | Бело море (с) | Bélo móre |

| Mar (m) Cáspio | Каспијско море (с) | Káspijsko móre |
| Mar (m) Morto | Мртво море (с) | Mŕtvo móre |
| Mar (m) Mediterrâneo | Средоземно море (с) | Sredózemno móre |

| Mar (m) Egeu | Егејско море (с) | Egejsko móre |
| Mar (m) Adriático | Јадранско море (с) | Jádransko móre |

| Mar (m) Arábico | Арабијско море (с) | Arábijsko móre |
| Mar (m) do Japão | Јапанско море (с) | Jápansko móre |
| Mar (m) de Bering | Берингово море (с) | Béringovo móre |
| Mar (m) da China Meridional | Јужно Кинеско море (с) | Južno Kinésko móre |
| Mar (m) de Coral | Корално море (с) | Kóralno more |

| Mar (m) de Tasman | Тасманово море (c) | Tasmánovo móre |
| Mar (m) do Caribe | Карипско море (c) | Káripsko móre |

| Mar (m) de Barents | Баренцово море (c) | Bárencovo móre |
| Mar (m) de Kara | Карско море (c) | Kársko móre |

| Mar (m) do Norte | Северно море (c) | Séverno móre |
| Mar (m) Báltico | Балтичко море (c) | Báltičko móre |
| Mar (m) da Noruega | Норвешко море (c) | Nórveško móre |

## 79. Montanhas

| montanha (f) | планина (ж) | planína |
| cordilheira (f) | планински венац (м) | pláninski vénac |
| serra (f) | планински гребен (м) | pláninski grében |

| cume (m) | врх (м) | vŕh |
| pico (m) | плански врх (м) | plániski vŕh |
| pé (m) | подножје (c) | pódnožje |
| declive (m) | нагиб (м), падина (ж) | nágib, pádina |

| vulcão (m) | вулкан (м) | vúlkan |
| vulcão (m) ativo | активни вулкан (м) | áktivni vúlkan |
| vulcão (m) extinto | угашени вулкан (м) | úgašeni vúlkan |

| erupção (f) | ерупција (ж) | erúpcija |
| cratera (f) | кратер (м) | kráter |
| magma (m) | магма (ж) | mágma |
| lava (f) | лава (ж) | láva |
| fundido (lava ~a) | врућ | vruć |

| cânion, desfiladeiro (m) | кањон (м) | kánjon |
| garganta (f) | клисура (ж) | klisúra |
| fenda (f) | пукотина (ж) | púkotina |
| precipício (m) | амбис, понор (м) | ámbis, pónor |

| passo, colo (m) | превој (м) | prévoj |
| planalto (m) | висораван (ж) | vísoravan |
| falésia (f) | литица (ж) | lítica |
| colina (f) | брег (м) | breg |

| geleira (f) | леденик (м) | ledénik |
| cachoeira (f) | водопад (м) | vódopad |
| gêiser (m) | гејзер (м) | géjzer |
| lago (m) | језеро (c) | jézero |

| planície (f) | равница (ж) | ravníca |
| paisagem (f) | пејзаж (м) | péjzaž |
| eco (m) | одјек (м) | ódjek |

| alpinista (m) | планинар (м) | planínar |
| escalador (m) | алпиниста (м) | alpinísta |
| conquistar (vt) | освајати (пг) | osvájati |
| subida, escalada (f) | пењање (c) | pénjanje |

## 80. Nomes de montanhas

| | | |
|---|---|---|
| Alpes (m pl) | Алпи (мн) | Álpi |
| Monte Branco (m) | Монблан (м) | Mónblan |
| Pirineus (m pl) | Пиренеји (мн) | Pirenéji |
| Cárpatos (m pl) | Карпати (мн) | Karpáti |
| Urais (m pl) | Уралске планине (мн) | Uralske planíne |
| Cáucaso (m) | Кавказ (м) | Kávkaz |
| Elbrus (m) | Елбрус (м) | Elbrus |
| Altai (m) | Алтај (м) | Altaj |
| Tian Shan (m) | Тјен Шан, Тјаншан (м) | Tjen Šan, Tjánšan |
| Pamir (m) | Памир (м) | Pámir |
| Himalaia (m) | Хималаји (мн) | Himaláji |
| monte Everest (m) | Еверест (м) | Everest |
| Cordilheira (f) dos Andes | Анди (мн) | Andi |
| Kilimanjaro (m) | Килиманџаро (м) | Kilimandžáro |

## 81. Rios

| | | |
|---|---|---|
| rio (m) | река (ж) | réka |
| fonte, nascente (f) | извор (м) | ízvor |
| leito (m) de rio | корито (с) | kórito |
| bacia (f) | слив (м) | sliv |
| desaguar no ... | уливати се | ulívati se |
| afluente (m) | притока (ж) | prítoka |
| margem (do rio) | обала (ж) | óbala |
| corrente (f) | ток (м) | tok |
| rio abaixo | низводно | nízvodno |
| rio acima | узводно | úzvodno |
| inundação (f) | поплава (ж) | póplava |
| cheia (f) | поводањ (м) | póvodanj |
| transbordar (vi) | изливати се | izlívati se |
| inundar (vt) | преплавити (пг) | prepláviti |
| banco (m) de areia | плићак (м) | plíćak |
| corredeira (f) | брзак (м) | bŕzak |
| barragem (f) | брана (ж) | brána |
| canal (m) | канал (м) | kánal |
| reservatório (m) de água | вештачко језеро (с) | véštačko jézero |
| eclusa (f) | преводница (ж) | prévodnica |
| corpo (m) de água | резервоар (м) | rezervóar |
| pântano (m) | мочвара (ж) | móčvara |
| lamaçal (m) | баруштина (ж) | báruština |
| redemoinho (m) | вртлог (м) | vŕtlog |
| riacho (m) | поток (м) | pótok |

| potável (adj) | питка | pítka |
| doce (água) | слатка | slátka |

| gelo (m) | лед (м) | led |
| congelar-se (vr) | смрзнути се | smŕznuti se |

## 82. Nomes de rios

| rio Sena (m) | Сена (ж) | Séna |
| rio Loire (m) | Лоара (ж) | Loára |

| rio Tâmisa (m) | Темза (ж) | Témza |
| rio Reno (m) | Рајна (ж) | Rájna |
| rio Danúbio (m) | Дунав (м) | Dúnav |

| rio Volga (m) | Волга (ж) | Vólga |
| rio Don (m) | Дон (м) | Don |
| rio Lena (m) | Лена (ж) | Léna |

| rio Amarelo (m) | Хуангхе (м) | Huánghe |
| rio Yangtzé (m) | Јангце (м) | Jangcé |
| rio Mekong (m) | Меконг (м) | Mékong |
| rio Ganges (m) | Ганг (м) | Gang |

| rio Nilo (m) | Нил (м) | Nil |
| rio Congo (m) | Конго (м) | Kóngo |
| rio Cubango (m) | Окаванго (м) | Okavángo |
| rio Zambeze (m) | Замбези (м) | Zambézi |
| rio Limpopo (m) | Лимпопо (м) | Limpópo |
| rio Mississippi (m) | Мисисипи (м) | Misisípi |

## 83. Floresta

| floresta (f), bosque (m) | шума (ж) | šúma |
| florestal (adj) | шумски | šúmski |

| mata (f) fechada | честар (м) | čéstar |
| arvoredo (m) | шумарак (м) | šumárak |
| clareira (f) | пропланак (м) | próplanak |

| matagal (m) | шипраг (м), шикара (ж) | šíprag, šíkara |
| mato (m), caatinga (f) | жбуње (с) | žbúnje |

| pequena trilha (f) | стаза (ж) | stáza |
| ravina (f) | јаруга (ж) | járuga |

| árvore (f) | дрво (с) | dŕvo |
| folha (f) | лист (м) | list |
| folhagem (f) | лишће (с) | líšće |

| queda (f) das folhas | листопад (м) | lístopad |
| cair (vi) | опадати (нг) | ópadati |

| topo (m) | врх (м) | vȓh |
| ramo (m) | грана (ж) | grána |
| galho (m) | грана (ж) | grána |
| botão (m) | пупољак (м) | púpoljak |
| agulha (f) | иглица (ж) | íglica |
| pinha (f) | шишарка (ж) | šíšarka |

| buraco (m) de árvore | дупља (ж) | dúplja |
| ninho (m) | гнездо (с) | gnézdo |
| toca (f) | јазбина, рупа (ж) | jázbina, rúpa |

| tronco (m) | стабло (с) | stáblo |
| raiz (f) | корен (м) | kóren |
| casca (f) de árvore | кора (ж) | kóra |
| musgo (m) | маховина (ж) | máhovina |

| arrancar pela raiz | крчити (пг) | kȑčiti |
| cortar (vt) | сећи (пг) | séći |
| desflorestar (vt) | крчити шуму | krčiti šúmu |
| toco, cepo (m) | пањ (м) | panj |

| fogueira (f) | логорска ватра (ж) | lógorska vátra |
| incêndio (m) florestal | шумски пожар (м) | šúmski póžar |
| apagar (vt) | гасити (пг) | gásiti |

| guarda-parque (m) | шумар (м) | šúmar |
| proteção (f) | заштита (ж) | záštita |
| proteger (a natureza) | штитити (пг) | štítiti |
| caçador (m) furtivo | ловокрадица (м) | lovokrádica |
| armadilha (f) | замка (ж) | zámka |

| colher (cogumelos, bagas) | брати (пг) | bráti |
| perder-se (vr) | залутати (нг) | zalútati |

## 84. Recursos naturais

| recursos (m pl) naturais | природна богатства (мн) | prírodna bógatstva |
| minerais (m pl) | рудна богатства (мн) | rúdna bógatstva |
| depósitos (m pl) | лежишта (мн) | léžišta |
| jazida (f) | налазиште (с) | nálazište |

| extrair (vt) | добијати (пг) | dobíjati |
| extração (f) | добијање (с) | dobíjanje |
| minério (m) | руда (ж) | rúda |
| mina (f) | рудник (м) | rúdnik |
| poço (m) de mina | рударско окно (с) | rúdarsko ókno |
| mineiro (m) | рудар (м) | rúdar |

| gás (m) | гас (м) | gas |
| gasoduto (m) | плиновод (м) | plínovod |

| petróleo (m) | нафта (ж) | náfta |
| oleoduto (m) | нафтовод (м) | náftovod |
| poço (m) de petróleo | нафтна бушотина (ж) | náftna búšotina |

| torre (f) petrolífera | нафтна платформа (ж) | náftna plátforma |
| petroleiro (m) | танкер (м) | tánker |

| areia (f) | песак (м) | pésak |
| calcário (m) | кречњак (м) | kréčnjak |
| cascalho (m) | шљунак (м) | šljúnak |
| turfa (f) | тресет (м) | tréset |
| argila (f) | глина (ж) | glína |
| carvão (m) | угаљ (м) | úgalj |

| ferro (m) | гвожђе (с) | gvóžđe |
| ouro (m) | злато (с) | zláto |
| prata (f) | сребро (с) | srébro |
| níquel (m) | никл (м) | nikl |
| cobre (m) | бакар (м) | bákar |

| zinco (m) | цинк (м) | cink |
| manganês (m) | манган (м) | mángan |
| mercúrio (m) | жива (ж) | žíva |
| chumbo (m) | олово (с) | ólovo |

| mineral (m) | минерал (м) | míneral |
| cristal (m) | кристал (м) | krístal |
| mármore (m) | мермер, мрамор (м) | mérmer, mrámor |
| urânio (m) | уран (м) | úran |

## 85. Tempo

| tempo (m) | време (с) | vréme |
| previsão (f) do tempo | временска прогноза (ж) | vrémenska prognóza |
| temperatura (f) | температура (ж) | temperatúra |
| termômetro (m) | термометар (м) | térmometar |
| barômetro (m) | барометар (м) | bárometar |

| úmido (adj) | влажан | vlážan |
| umidade (f) | влажност (ж) | vlážnost |
| calor (m) | вручина (ж) | vrućína |
| tórrido (adj) | вруч | vruć |
| está muito calor | вруче је | vrúće je |

| está calor | топло је | tóplo je |
| quente (morno) | топао | tópao |

| está frio | хладно је | hládno je |
| frio (adj) | хладан | hládan |

| sol (m) | сунце (с) | súnce |
| brilhar (vi) | сијати (нг) | síjati |
| de sol, ensolarado | сунчан | súnčan |
| nascer (vi) | изачи (нг) | ízaći |
| pôr-se (vr) | зачи (нг) | záći |

| nuvem (f) | облак (м) | óblak |
| nublado (adj) | облачан | óblačan |

| nuvem (f) preta | кишни облак (м) | kíšni óblak |
| escuro, cinzento (adj) | тmuran | tmúran |

| chuva (f) | киша (ж) | kíša |
| está a chover | пада киша | páda kíša |
| chuvoso (adj) | кишовит | kišóvit |
| chuviscar (vi) | сипити (нг) | sípiti |

| chuva (f) torrencial | пљусак (м) | pljúsak |
| aguaceiro (m) | пљусак (м) | pljúsak |
| forte (chuva, etc.) | jak | jak |
| poça (f) | бара (ж) | bára |
| molhar-se (vr) | покиснути (нг) | pókisnuti |

| nevoeiro (m) | магла (ж) | mágla |
| de nevoeiro | магловит | maglóvit |
| neve (f) | снег (м) | sneg |
| está nevando | пада снег | páda sneg |

## 86. Tempo extremo. Catástrofes naturais

| trovoada (f) | олуја (ж) | olúja |
| relâmpago (m) | муња (ж) | múnja |
| relampejar (vi) | севати (нг) | sévati |

| trovão (m) | гром (м) | grom |
| trovejar (vi) | грмети (нг) | gŕmeti |
| está trovejando | грми | gŕmi |

| granizo (m) | град (м) | grad |
| está caindo granizo | пада град | páda grad |

| inundar (vt) | поплавити (пг) | póplaviti |
| inundação (f) | поплава (ж) | póplava |

| terremoto (m) | земљотрес (м) | zémljotres |
| abalo, tremor (m) | потрес (м) | pótres |
| epicentro (m) | епицентар (м) | epicéntar |

| erupção (f) | ерупција (ж) | erúpcija |
| lava (f) | лава (ж) | láva |

| tornado (m) | вихор (м) | víhor |
| tornado (m) | торнадо (м) | tórnado |
| tufão (m) | тајфун (м) | tájfun |

| furacão (m) | ураган (м) | úragan |
| tempestade (f) | олуја (ж) | olúja |
| tsunami (m) | цунами (м) | cunámi |

| ciclone (m) | циклон (м) | cíklon |
| mau tempo (m) | невреме (с) | névreme |
| incêndio (m) | пожар (м) | póžar |
| catástrofe (f) | катастрофа (ж) | katastrófa |

| | | |
|---|---|---|
| meteorito (m) | **метеорит** (м) | meteórit |
| avalanche (f) | **лавина** (ж) | lávina |
| deslizamento (m) de neve | **усов** (м) | úsov |
| nevasca (f) | **мећава** (ж) | méćava |
| tempestade (f) de neve | **мећава, вејавица** (ж) | méćava, véjavica |

# FAUNA

| | | |
|---|---|---|
| predador (m) | предатор, грабљивац (м) | prédator, grábljivac |
| tigre (m) | тигар (м) | tígar |
| leão (m) | лав (м) | lav |
| lobo (m) | вук (м) | vuk |
| raposa (f) | лисица (ж) | lísica |
| | | |
| jaguar (m) | јагуар (м) | jáguar |
| leopardo (m) | леопард (м) | léopard |
| chita (f) | гепард (м) | gépard |
| | | |
| pantera (f) | пантер (м) | pánter |
| puma (m) | пума (ж) | púma |
| leopardo-das-neves (m) | снежни леопард (м) | snéžni léopard |
| lince (m) | рис (м) | ris |
| | | |
| coiote (m) | којот (м) | kójot |
| chacal (m) | шакал (м) | šákal |
| hiena (f) | хијена (ж) | hijéna |

| | | |
|---|---|---|
| animal (m) | животиња (ж) | živótinja |
| besta (f) | звер (м) | zver |
| | | |
| esquilo (m) | веверица (ж) | véverica |
| ouriço (m) | јеж (м) | jež |
| lebre (f) | зец (м) | zec |
| coelho (m) | кунић (м) | kúnić |
| | | |
| texugo (m) | јазавац (м) | jázavac |
| guaxinim (m) | ракун (м) | rákun |
| hamster (m) | хрчак (м) | hŕčak |
| marmota (f) | мрмот (м) | mŕmot |
| | | |
| toupeira (f) | кртица (ж) | kŕtica |
| rato (m) | миш (ж) | miš |
| ratazana (f) | пацов (м) | pácov |
| morcego (m) | слепи миш (м) | slépi miš |
| | | |
| arminho (m) | хермелин (м) | hérmelin |
| zibelina (f) | самур (м) | sámur |
| marta (f) | куна (ж) | kúna |
| doninha (f) | ласица (ж) | lásica |
| visom (m) | нерц, визон (м) | nerc, vízon |

| | | |
|---|---|---|
| castor (m) | дабар (м) | dábar |
| lontra (f) | видра (ж) | vídra |
| | | |
| cavalo (m) | коњ (м) | konj |
| alce (m) | лос (м) | los |
| veado (m) | јелен (м) | jélen |
| camelo (m) | камила (ж) | kámila |
| | | |
| bisão (m) | бизон (м) | bízon |
| auroque (m) | зубар (м) | zúbar |
| búfalo (m) | бивол (м) | bívol |
| | | |
| zebra (f) | зебра (ж) | zébra |
| antílope (m) | антилопа (ж) | antilópa |
| corça (f) | срна (ж) | sŕna |
| gamo (m) | јелен лопатар (м) | jélen lópatar |
| camurça (f) | дивокоза (ж) | dívokoza |
| javali (m) | вепар (м) | vépar |
| | | |
| baleia (f) | кит (м) | kit |
| foca (f) | фока (ж) | fóka |
| morsa (f) | морж (м) | morž |
| urso-marinho (m) | фока (ж) | fóka |
| golfinho (m) | делфин (м) | délfin |
| | | |
| urso (m) | медвед (м) | médved |
| urso (m) polar | бели медвед (м) | béli médved |
| panda (m) | панда (ж) | pánda |
| | | |
| macaco (m) | мајмун (м) | májmun |
| chimpanzé (m) | шимпанза (ж) | šimpánza |
| orangotango (m) | орангутан (м) | orangútan |
| gorila (m) | горила (ж) | goríla |
| macaco (m) | макаки (м) | makáki |
| gibão (m) | гибон (м) | gíbon |
| | | |
| elefante (m) | слон (м) | slon |
| rinoceronte (m) | носорог (м) | nósorog |
| girafa (f) | жирафа (ж) | žiráfa |
| hipopótamo (m) | нилски коњ (м) | nílski konj |
| | | |
| canguru (m) | кенгур (м) | kéngur |
| coala (m) | коала (ж) | koála |
| | | |
| mangusto (m) | мунгос (м) | múngos |
| chinchila (f) | чинчила (ж) | čínčila |
| cangambá (f) | твор (м) | tvor |
| porco-espinho (m) | дикобраз (м) | díkobraz |

## 89. Animais domésticos

| | | |
|---|---|---|
| gata (f) | мачка (ж) | máčka |
| gato (m) macho | мачак (м) | máčak |
| cão (m) | пас (м) | pas |

| | | |
|---|---|---|
| cavalo (m) | коњ (м) | konj |
| garanhão (m) | ждребац (м) | ždrébac |
| égua (f) | кобила (ж) | kóbila |
| | | |
| vaca (f) | крава (ж) | kráva |
| touro (m) | бик (м) | bik |
| boi (m) | во (м) | vo |
| | | |
| ovelha (f) | овца (ж) | óvca |
| carneiro (m) | ован (м) | óvan |
| cabra (f) | коза (ж) | kóza |
| bode (m) | јарац (м) | járac |
| | | |
| burro (m) | магарац (м) | mágarac |
| mula (f) | мазга (ж) | mázga |
| | | |
| porco (m) | свиња (ж) | svínja |
| leitão (m) | прасе (с) | práse |
| coelho (m) | кунић, домаћи зец (м) | kúnić, dómaći zec |
| | | |
| galinha (f) | кокош (ж) | kókoš |
| galo (m) | певац (м) | pévac |
| | | |
| pata (f), pato (m) | патка (ж) | pátka |
| pato (m) | патак (м) | pátak |
| ganso (m) | гуска (ж) | gúska |
| | | |
| peru (m) | ћуран (м) | ćúran |
| perua (f) | ћурка (ж) | ćúrka |
| | | |
| animais (m pl) domésticos | домаће животиње (мн) | domáće živótinje |
| domesticado (adj) | питом | pítom |
| domesticar (vt) | припитомљивати (пг) | pripitomljívati |
| criar (vt) | узгајати (пг) | uzgájati |
| | | |
| fazenda (f) | фарма (ж) | fárma |
| aves (f pl) domésticas | живина (ж) | živína |
| gado (m) | стока (ж) | stóka |
| rebanho (m), manada (f) | стадо (с) | stádo |
| | | |
| estábulo (m) | штала (ж) | štála |
| chiqueiro (m) | свињац (м) | svínjac |
| estábulo (m) | стаја (ж) | stája |
| coelheira (f) | зечињак (м) | zéčinjak |
| galinheiro (m) | кокошињац (м) | kókošinjac |

## 90. Pássaros

| | | |
|---|---|---|
| pássaro (m), ave (f) | птица (ж) | ptíca |
| pombo (m) | голуб (м) | gólub |
| pardal (m) | врабац (м) | vrábac |
| chapim-real (m) | сеница (ж) | sénica |
| pega-rabuda (f) | сврака (ж) | svráka |
| corvo (m) | гавран (м) | gávran |

| | | |
|---|---|---|
| gralha-cinzenta (f) | врана (ж) | vrána |
| gralha-de-nuca-cinzenta (f) | чавка (ж) | čávka |
| gralha-calva (f) | гачац (м) | gáčac |
| pato (m) | патка (ж) | pátka |
| ganso (m) | гуска (ж) | gúska |
| faisão (m) | фазан (м) | fázan |
| águia (f) | орао (м) | órao |
| açor (m) | јастреб (м) | jástreb |
| falcão (m) | соко (м) | sóko |
| abutre (m) | суп (м) | sup |
| condor (m) | кондор (м) | kóndor |
| cisne (m) | лабуд (м) | lábud |
| grou (m) | ждрал (м) | ždral |
| cegonha (f) | рода (ж) | róda |
| papagaio (m) | папагај (м) | papágaj |
| beija-flor (m) | колибри (м) | kolíbri |
| pavão (m) | паун (м) | páun |
| avestruz (m) | ној (м) | noj |
| garça (f) | чапља (ж) | čáplja |
| flamingo (m) | фламинго (м) | flamíngo |
| pelicano (m) | пеликан (м) | pelíkan |
| rouxinol (m) | славуј (м) | slávuj |
| andorinha (f) | ластавица (ж) | lástavica |
| tordo-zornal (m) | дрозд (м) | drozd |
| tordo-músico (m) | дрозд певач (м) | drozd peváč |
| melro-preto (m) | кос (м) | kos |
| andorinhão (m) | брегуница (ж) | brégunica |
| cotovia (f) | шева (ж) | šéva |
| codorna (f) | препелица (ж) | prépelica |
| pica-pau (m) | детлић (м) | détlić |
| cuco (m) | кукавица (ж) | kúkavica |
| coruja (f) | сова (ж) | sóva |
| bufo-real (m) | совуљага (ж) | sovúljaga |
| tetraz-grande (m) | велики тетреб (м) | véliki tétreb |
| tetraz-lira (m) | мали тетреб (м) | máli tétreb |
| perdiz-cinzenta (f) | јаребица (ж) | jarébica |
| estorninho (m) | чворак (м) | čvórak |
| canário (m) | канаринац (м) | kanarínac |
| galinha-do-mato (f) | лештарка (ж) | léštarka |
| tentilhão (m) | зеба (ж) | zéba |
| dom-fafe (m) | зимовка (ж) | zímovka |
| gaivota (f) | галеб (м) | gáleb |
| albatroz (m) | албатрос (м) | álbatros |
| pinguim (m) | пингвин (м) | píngvin |

## 91. Peixes. Animais marinhos

| | | |
|---|---|---|
| brema (f) | деверика (ж) | devérika |
| carpa (f) | шаран (м) | šáran |
| perca (f) | гргеч (м) | gŕgeč |
| siluro (m) | сом (м) | som |
| lúcio (m) | штука (ж) | štúka |

| | | |
|---|---|---|
| salmão (m) | лосос (м) | lósos |
| esturjão (m) | јесетра (ж) | jésetra |

| | | |
|---|---|---|
| arenque (m) | харинга (ж) | háringa |
| salmão (m) do Atlântico | атлантски лосос (м) | átlantski lósos |
| cavala, sarda (f) | скуша (ж) | skúša |
| solha (f), linguado (m) | лист (м) | list |

| | | |
|---|---|---|
| lúcio perca (m) | смуђ (м) | smuđ |
| bacalhau (m) | бакалар (м) | bakálar |
| atum (m) | туна (ж), туњ (м) | tuna, tunj |
| truta (f) | пастрмка (ж) | pástrmka |

| | | |
|---|---|---|
| enguia (f) | јегуља (ж) | jégulja |
| raia (f) elétrica | ража (ж) | ráža |
| moreia (f) | мурина (ж) | múrina |
| piranha (f) | пирана (ж) | pirána |

| | | |
|---|---|---|
| tubarão (m) | ајкула (ж) | ájkula |
| golfinho (m) | делфин (м) | délfin |
| baleia (f) | кит (м) | kit |

| | | |
|---|---|---|
| caranguejo (m) | краба (ж) | krába |
| água-viva (f) | медуза (ж) | medúza |
| polvo (m) | хоботница (ж) | hóbotnica |

| | | |
|---|---|---|
| estrela-do-mar (f) | морска звезда (ж) | mórska zvézda |
| ouriço-do-mar (m) | морски јеж (м) | mórski jež |
| cavalo-marinho (m) | морски коњић (м) | mórski kónjić |

| | | |
|---|---|---|
| ostra (f) | острига (ж) | óstriga |
| camarão (m) | шкамп (м) | škamp |
| lagosta (f) | хлап (м) | hlap |
| lagosta (f) | јастог (м) | jástog |

## 92. Anfíbios. Répteis

| | | |
|---|---|---|
| cobra (f) | змија (ж) | zmíja |
| venenoso (adj) | отрован | ótrovan |

| | | |
|---|---|---|
| víbora (f) | шарка (ж) | šárka |
| naja (f) | кобра (ж) | kóbra |
| píton (m) | питон (м) | píton |
| jiboia (f) | удав (м) | údav |
| cobra-de-água (f) | белоушка (ж) | beloúška |

| | | |
|---|---|---|
| cascavel (f) | звечарка (ж) | zvéčarka |
| anaconda (f) | анаконда (ж) | anakónda |
| | | |
| lagarto (m) | гуштер (м) | gúšter |
| iguana (f) | игуана (ж) | iguána |
| varano (m) | варан (м) | váran |
| salamandra (f) | даждевњак (м) | daždévnjak |
| camaleão (m) | камелеон (м) | kameléon |
| escorpião (m) | шкорпија (ж) | škórpija |
| | | |
| tartaruga (f) | корњача (ж) | kórnjača |
| rã (f) | жаба (ж) | žába |
| sapo (m) | крастача (ж) | krástača |
| crocodilo (m) | крокодил (м) | krokódil |

## 93. Insetos

| | | |
|---|---|---|
| inseto (m) | инсект (м) | ínsekt |
| borboleta (f) | лептир (м) | léptir |
| formiga (f) | мрав (м) | mrav |
| mosca (f) | мува (ж) | múva |
| mosquito (m) | комарац (м) | komárac |
| escaravelho (m) | буба (ж) | búba |
| | | |
| vespa (f) | оса (ж) | ósa |
| abelha (f) | пчела (ж) | pčéla |
| mamangaba (f) | бумбар (м) | búmbar |
| moscardo (m) | обад (м) | óbad |
| | | |
| aranha (f) | паук (м) | páuk |
| teia (f) de aranha | паучина (ж) | páučina |
| | | |
| libélula (f) | вилин коњиц (м) | vílin kónjic |
| gafanhoto (m) | скакавац (м) | skákavac |
| traça (f) | мољац (м) | móljac |
| | | |
| barata (f) | бубашваба (ж) | bubašvába |
| carrapato (m) | крпељ (м) | kŕpelj |
| pulga (f) | бува (ж) | búva |
| borrachudo (m) | мушица (ж) | múšica |
| | | |
| gafanhoto (m) | миграторни скакавац (м) | mígratorni skákavac |
| caracol (m) | пуж (м) | puž |
| grilo (m) | цврчак (м) | cvŕčak |
| pirilampo, vaga-lume (m) | свитац (м) | svítac |
| joaninha (f) | бубамара (ж) | bubamára |
| besouro (m) | гундељ (м) | gúndelj |
| | | |
| sanguessuga (f) | пијавица (ж) | píjavica |
| lagarta (f) | гусеница (ж) | gúsenica |
| minhoca (f) | црв (м) | cŕv |
| larva (f) | ларва (ж) | lárva |

# FLORA

## 94. Árvores

| | | |
|---|---|---|
| árvore (f) | дрво (с) | dŕvo |
| decídua (adj) | листопадно | lístopadno |
| conífera (adj) | четинарско | četinarsko |
| perene (adj) | зимзелено | zímzeleno |
| | | |
| macieira (f) | јабука (ж) | jábuka |
| pereira (f) | крушка (ж) | krúška |
| cerejeira (f) | трешња (ж) | tréšnja |
| ginjeira (f) | вишња (ж) | víšnja |
| ameixeira (f) | шљива (ж) | šljíva |
| | | |
| bétula (f) | бреза (ж) | bréza |
| carvalho (m) | храст (м) | hrast |
| tília (f) | липа (ж) | lípa |
| choupo-tremedor (m) | јасика (ж) | jásika |
| bordo (m) | јавор (м) | jávor |
| espruce (m) | јела (ж) | jéla |
| pinheiro (m) | бор (м) | bor |
| alerce, lariço (m) | ариш (м) | áriš |
| abeto (m) | јела (ж) | jéla |
| cedro (m) | кедар (м) | kédar |
| | | |
| choupo, álamo (m) | топола (ж) | topóla |
| tramazeira (f) | јаребика (ж) | járebika |
| salgueiro (m) | врба (ж) | vŕba |
| amieiro (m) | јова (ж) | jóva |
| faia (f) | буква (ж) | búkva |
| ulmeiro, olmo (m) | брест (м) | brest |
| freixo (m) | јасен (м) | jásen |
| castanheiro (m) | кестен (м) | késten |
| | | |
| magnólia (f) | магнолија (ж) | magnólija |
| palmeira (f) | палма (ж) | pálma |
| cipreste (m) | чемпрес (м) | čémpres |
| | | |
| mangue (m) | мангрово дрво (с) | mángrovo dŕvo |
| embondeiro, baobá (m) | баобаб (м) | báobab |
| eucalipto (m) | еукалиптус (м) | eukalíptus |
| sequoia (f) | секвоја (ж) | sekvója |

## 95. Arbustos

| | | |
|---|---|---|
| arbusto (m) | грм, жбун (м) | gŕm, žbun |
| arbusto (m), moita (f) | жбун (м) | žbun |

| | | |
|---|---|---|
| videira (f) | винова лоза (ж) | vínova lóza |
| vinhedo (m) | виноград (м) | vínograd |
| | | |
| framboeseira (f) | малина (ж) | málina |
| groselheira-negra (f) | црна рибизла (ж) | cŕna ríbizla |
| groselheira-vermelha (f) | црвена рибизла (ж) | crvéna ríbizla |
| groselheira (f) espinhosa | огрозд (м) | ógrozd |
| | | |
| acácia (f) | багрем (м) | bágrem |
| bérberis (f) | жутика, шимширика (ж) | žútika, šimšírika |
| jasmim (m) | јасмин (м) | jásmin |
| | | |
| junípero (m) | клека (ж) | kléka |
| roseira (f) | ружин грм (м) | rúžin gŕm |
| roseira (f) brava | шипак (м) | šípak |

## 96. Frutos. Bagas

| | | |
|---|---|---|
| fruta (f) | воћка (ж) | vóćka |
| frutas (f pl) | воће, плодови (мн) | vóće, plódovi |
| maçã (f) | јабука (ж) | jábuka |
| pera (f) | крушка (ж) | krúška |
| ameixa (f) | шљива (ж) | šljíva |
| | | |
| morango (m) | јагода (ж) | jágoda |
| ginja (f) | вишња (ж) | víšnja |
| cereja (f) | трешња (ж) | tréšnja |
| uva (f) | грожђе (с) | gróžđe |
| | | |
| framboesa (f) | малина (ж) | málina |
| groselha (f) negra | црна рибизла (ж) | cŕna ríbizla |
| groselha (f) vermelha | црвена рибизла (ж) | crvéna ríbizla |
| groselha (f) espinhosa | огрозд (м) | ógrozd |
| oxicoco (m) | брусница (ж) | brúsnica |
| | | |
| laranja (f) | наранџа (ж) | nárandža |
| tangerina (f) | мандарина (ж) | mandarína |
| abacaxi (m) | ананас (м) | ánanas |
| | | |
| banana (f) | банана (ж) | banána |
| tâmara (f) | урма (ж) | úrma |
| | | |
| limão (m) | лимун (м) | límun |
| damasco (m) | кајсија (ж) | kájsija |
| pêssego (m) | бресква (ж) | bréskva |
| | | |
| quiuí (m) | киви (м) | kívi |
| toranja (f) | грејпфрут (м) | gréjpfrut |
| | | |
| baga (f) | бобица (ж) | bóbica |
| bagas (f pl) | бобице (мн) | bóbice |
| arando (m) vermelho | брусница (ж) | brúsnica |
| morango-silvestre (m) | шумска јагода (ж) | šúmska jágoda |
| mirtilo (m) | боровница (ж) | boróvnica |

## 97. Flores. Plantas

| | | |
|---|---|---|
| flor (f) | цвет (м) | cvet |
| buquê (m) de flores | букет (м) | búket |
| | | |
| rosa (f) | ружа (ж) | rúža |
| tulipa (f) | тулипан (м) | tulípan |
| cravo (m) | каранфил (м) | karánfil |
| gladíolo (m) | гладиола (ж) | gladióla |
| | | |
| centáurea (f) | различак (м) | razlíčak |
| campainha (f) | звонце (с) | zvónce |
| dente-de-leão (m) | маслачак (м) | masláčak |
| camomila (f) | камилица (ж) | kamílica |
| | | |
| aloé (m) | алоја (ж) | áloja |
| cacto (m) | кактус (м) | káktus |
| fícus (m) | фикус (м) | fíkus |
| | | |
| lírio (m) | љиљан (м) | ljíljan |
| gerânio (m) | гераниум, здравац (м) | geránium, zdrávac |
| jacinto (m) | зумбул (м) | zúmbul |
| | | |
| mimosa (f) | мимоза (ж) | mimóza |
| narciso (m) | нарцис (м) | nárcis |
| capuchinha (f) | драгољуб (м) | drágoljub |
| | | |
| orquídea (f) | орхидеја (ж) | orhidéja |
| peônia (f) | божур (м) | bóžur |
| violeta (f) | љубичица (ж) | ljubičíca |
| | | |
| amor-perfeito (m) | дан и ноћ | dan i noć |
| não-me-esqueças (m) | споменак (м) | spoménak |
| margarida (f) | красуљак (м) | krasúljak |
| | | |
| papoula (f) | мак (м) | mak |
| cânhamo (m) | конопља (ж) | kónoplja |
| hortelã, menta (f) | нана, метвица (ж) | nána, métvica |
| | | |
| lírio-do-vale (m) | ђурђевак (м) | đurđévak |
| campânula-branca (f) | висибаба (ж) | vísibaba |
| | | |
| urtiga (f) | коприва (ж) | kópriva |
| azedinha (f) | кисељак (м) | kiséljak |
| nenúfar (m) | локвањ (м) | lókvanj |
| samambaia (f) | папрат (ж) | páprat |
| líquen (m) | лишај (м) | líšaj |
| | | |
| estufa (f) | стакленик (м) | stáklenik |
| gramado (m) | травњак (м) | trávnjak |
| canteiro (m) de flores | цветна леја (ж) | cvétna léja |
| | | |
| planta (f) | биљка (ж) | bíljka |
| grama (f) | трава (ж) | tráva |
| folha (f) de grama | травчица (ж) | trávčica |

| folha (f) | лист (м) | list |
| pétala (f) | латица (ж) | lática |
| talo (m) | стабљика (ж) | stábljika |
| tubérculo (m) | гомољ (м) | gómolj |

| broto, rebento (m) | изданак (м) | ízdanak |
| espinho (m) | трн (м) | trn |

| florescer (vi) | цветати (нг) | cvétati |
| murchar (vi) | венути (нг) | vénuti |
| cheiro (m) | мирис (м) | míris |
| cortar (flores) | одсећи (пг) | ódseći |
| colher (uma flor) | убрати (пг) | ubráti |

## 98. Cereais, grãos

| grão (m) | зрно (с) | zŕno |
| cereais (plantas) | житарице (мн) | žitárice |
| espiga (f) | клас (м) | klas |

| trigo (m) | пшеница (ж) | pšénica |
| centeio (m) | раж (ж) | raž |
| aveia (f) | овас (м) | óvas |
| painço (m) | просо (с) | próso |
| cevada (f) | јечам (м) | jéčam |

| milho (m) | кукуруз (м) | kukúruz |
| arroz (m) | пиринач (м) | pírinač |
| trigo-sarraceno (m) | хељда (ж) | héljda |

| ervilha (f) | грашак (м) | grášak |
| feijão (m) roxo | пасуљ (м) | pásulj |
| soja (f) | соја (ж) | sója |
| lentilha (f) | сочиво (с) | sóčivo |
| feijão (m) | махунарке (мн) | mahúnarke |

# PAÍSES DO MUNDO

## 99. Países. Parte 1

| | | |
|---|---|---|
| Afeganistão (m) | Авганистан (м) | Avganístan |
| África (f) do Sul | Јужноафричка република (ж) | Južnoáfrička repúblika |
| Albânia (f) | Албанија (ж) | Albánija |
| Alemanha (f) | Немачка (ж) | Némačka |
| Arábia (f) Saudita | Саудијска Арабија (ж) | Sáudijska Árabija |
| Argentina (f) | Аргентина (ж) | Argentína |
| Armênia (f) | Јерменија (ж) | Jérmenija |
| | | |
| Austrália (f) | Аустралија (ж) | Austrálija |
| Áustria (f) | Аустрија (ж) | Áustrija |
| Azerbaijão (m) | Азербејџан (м) | Azerbéjdžan |
| Bahamas (f pl) | Бахами (мн) | Bahámi |
| Bangladesh (m) | Бангладеш (м) | Bángladeš |
| Bélgica (f) | Белгија (ж) | Bélgija |
| Belarus | Белорусија (ж) | Belorúsija |
| | | |
| Bolívia (f) | Боливија (ж) | Bolívija |
| Bósnia e Herzegovina (f) | Босна и Херцеговина (ж) | Bósna i Hércegovina |
| Brasil (m) | Бразил (м) | Brázil |
| Bulgária (f) | Бугарска (ж) | Búgarska |
| Camboja (f) | Камбоџа (ж) | Kambódža |
| Canadá (m) | Канада (ж) | Kanada |
| Cazaquistão (m) | Казахстан (м) | Kázahstan |
| | | |
| Chile (m) | Чиле (м) | Číle |
| China (f) | Кина (ж) | Kína |
| Chipre (m) | Кипар (м) | Kípar |
| Colômbia (f) | Колумбија (ж) | Kolúmbija |
| Coreia (f) do Norte | Северна Кореја (ж) | Séverna Koréja |
| Coreia (f) do Sul | Јужна Кореја (ж) | Júžna Koréja |
| Croácia (f) | Хрватска (ж) | Hrvátska |
| | | |
| Cuba (f) | Куба (ж) | Kúba |
| Dinamarca (f) | Данска (ж) | Dánska |
| Egito (m) | Египат (м) | Egipat |
| Emirados Árabes Unidos | Уједињени Арапски Емирати | Ujedínjeni Árapski Emiráti |
| | | |
| Equador (m) | Еквадор (м) | Ekvador |
| Escócia (f) | Шкотска (ж) | Škótska |
| | | |
| Eslováquia (f) | Словачка (ж) | Slóvačka |
| Eslovênia (f) | Словенија (ж) | Slóvenija |
| Espanha (f) | Шпанија (ж) | Španija |
| Estados Unidos da América | Сједињене Американке Државе | Sjédinjene Américke Države |

| | | |
|---|---|---|
| Estônia (f) | Естонија (ж) | Estonija |
| Finlândia (f) | Финска (ж) | Fínska |
| França (f) | Француска (ж) | Fráncuska |

## 100. Países. Parte 2

| | | |
|---|---|---|
| Gana (f) | Гана (ж) | Gána |
| Geórgia (f) | Грузија (ж) | Grúzija |
| Grã-Bretanha (f) | Велика Британија (ж) | Vélika Brítanija |
| Grécia (f) | Грчка (ж) | Gŕčka |
| Haiti (m) | Хаити (м) | Haiti |
| Hungria (f) | Мађарска (ж) | Máđarska |
| Índia (f) | Индија (ж) | Índija |
| | | |
| Indonésia (f) | Индонезија (ж) | Indonezija |
| Inglaterra (f) | Енглеска (ж) | Engleska |
| Irã (m) | Иран (м) | Iran |
| Iraque (m) | Ирак (м) | Irak |
| Irlanda (f) | Ирска (ж) | Irska |
| Islândia (f) | Исланд (м) | Island |
| Israel (m) | Израел (м) | Izrael |
| | | |
| Itália (f) | Италија (ж) | Itálija |
| Jamaica (f) | Јамајка (ж) | Jamájka |
| Japão (m) | Јапан (м) | Jápan |
| Jordânia (f) | Јордан (м) | Jórdan |
| Kuwait (m) | Кувајт (м) | Kúvajt |
| Laos (m) | Лаос (м) | Láos |
| Letônia (f) | Летонија (ж) | Létonija |
| | | |
| Líbano (m) | Либан (м) | Líban |
| Líbia (f) | Либија (ж) | Líbija |
| Liechtenstein (m) | Лихтенштајн (м) | Líhtenštajn |
| Lituânia (f) | Литванија (ж) | Litvánija |
| Luxemburgo (m) | Луксембург (м) | Lúksemburg |
| | | |
| Macedônia (f) | Македонија (ж) | Mákedonija |
| Madagascar (m) | Мадагаскар (м) | Madagáskar |
| | | |
| Malásia (f) | Малезија (ж) | Malézija |
| Malta (f) | Малта (ж) | Málta |
| Marrocos | Мароко (м) | Maróko |
| México (m) | Мексико (м) | Méksiko |
| Birmânia (f) | Мјанмар (м) | Mjánmar |
| | | |
| Moldávia (f) | Молдавија (ж) | Moldávija |
| Mônaco (m) | Монако (м) | Mónako |
| | | |
| Mongólia (f) | Монголија (ж) | Móngolija |
| Montenegro (m) | Црна Гора (ж) | Cŕna Góra |
| Namíbia (f) | Намибија (ж) | Námibija |
| Nepal (m) | Непал (м) | Népal |
| Noruega (f) | Норвешка (ж) | Nórveška |
| Nova Zelândia (f) | Нови Зеланд (м) | Nóvi Zéland |

## 101. Países. Parte 3

| Países Baixos (m pl) | Низоземска (ж) | Nízozemska |
| Palestina (f) | Палестина (ж) | Palestína |
| Panamá (m) | Панама (ж) | Pánama |
| Paquistão (m) | Пакистан (м) | Pákistan |
| Paraguai (m) | Парагвај (м) | Páragvaj |
| Peru (m) | Перу (м) | Péru |
| Polinésia (f) Francesa | Француска Полинезија (ж) | Fráncuska Polinézija |
| | | |
| Polônia (f) | Пољска (ж) | Póljska |
| Portugal (m) | Португалија (ж) | Portugálija |
| Quênia (f) | Кенија (ж) | Kénija |
| Quirguistão (m) | Киргистан (м) | Kírgistan |
| República (f) Checa | Чешка република (ж) | Čéška repúblika |
| República Dominicana | Доминиканска република (ж) | Dominikanska repúblika |
| Romênia (f) | Румунија (ж) | Rúmunija |
| | | |
| Rússia (f) | Русија (ж) | Rúsija |
| Senegal (m) | Сенегал (м) | Sénegal |
| Sérvia (f) | Србија (ж) | Sŕbija |
| Síria (f) | Сирија (ж) | Sírija |
| Suécia (f) | Шведска (ж) | Švédska |
| Suíça (f) | Швајцарска (ж) | Švájcarska |
| Suriname (m) | Суринам (м) | Surínam |
| | | |
| Tailândia (f) | Тајланд (м) | Tájland |
| Taiwan (m) | Тајван (м) | Tájvan |
| Tajiquistão (m) | Таџикистан (м) | Tadžikístan |
| Tanzânia (f) | Танзанија (ж) | Tánzanija |
| Tasmânia (f) | Тасманија (ж) | Tásmanija |
| Tunísia (f) | Тунис (м) | Túnis |
| Turquemenistão (m) | Туркменистан (м) | Turkménistan |
| | | |
| Turquia (f) | Турска (ж) | Túrska |
| Ucrânia (f) | Украјина (ж) | Úkrajina |
| Uruguai (m) | Уругвај (м) | Urugvaj |
| Uzbequistão (f) | Узбекистан (м) | Uzbekistan |
| Vaticano (m) | Ватикан (м) | Vátikan |
| Venezuela (f) | Венецуела (ж) | Venecuéla |
| Vietnã (m) | Вијетнам (м) | Víjetnam |
| Zanzibar (m) | Занзибар (м) | Zanzibar |

* 9 7 8 1 7 8 7 6 7 4 3 3 2 *